どんどん読める！
日本語ショートストーリーズ

vol.3

アルク出版編集部 ■ 編
吉川達・門倉正美・佐々木良造 ■ 翻案

アルク

この本《ほん》について

「日本語《にほんご》を読《よ》む練習《れんしゅう》がしたいけど、自分《じぶん》のレベルに合《あ》った日本語《にほんご》の本《ほん》がなかなか見《み》つからない」「頑張《がんば》って日本語《にほんご》の本《ほん》を読《よ》もうとしたけど、内容《ないよう》に興味《きょうみ》が持《も》てずに最後《さいご》まで読《よ》めなかった」。この本《ほん》は、そんな悩《なや》みを持《も》つ人《ひと》に、もっと「日本語《にほんご》で読《よ》むこと」を楽《たの》しんでほしいという思《おも》いから生《う》まれました。

収録《しゅうろく》されているストーリーは、編集部《へんしゅうぶ》が世界中《せかいじゅう》から集《あつ》めた「心温《こころあたた》まる話《はなし》」や「泣《な》ける話《はなし》」など、心《こころ》に残《のこ》る全《ぜん》20話《わ》。どれも味《あじ》わい深《ぶか》く、読《よ》んだらすぐにでも誰《だれ》かに話《はな》したくなるようなものばかりです。

この本《ほん》は、日本語《にほんご》でどんどん読《よ》み進《すす》めてもらうために、以下《いか》の様《よう》な工夫《くふう》がされており、多読学習用《たどくがくしゅうよう》の素材《そざい》としてもお使《つか》いいただけます。

- 本文《ほんぶん》は主《おも》に日本語能力試験《にほんごのうりょくしけん》N3レベル程度《ていど》の語彙《ごい》、文法《ぶんぽう》でリライトされています。
- ストーリーの理解《りかい》を助《たす》けるようなリード文《ぶん》やイラストが付《つ》いています。
- N3レベルより難《むずか》しいと思《おも》われる単語《たんご》や表現《ひょうげん》には、語注《ごちゅう》があります。(翻訳《ほんやく》は英語《えいご》、中国語《ちゅうごくご》、ベトナム語《ご》、ポルトガル語《ご》)
- 全《すべ》ての漢字《かんじ》にルビが付《つ》いています。
- 本文《ほんぶん》の最後《さいご》にストーリーの長《なが》さが文字数《もじすう》で示《しめ》してあり、自分《じぶん》が読《よ》み切《き》った文章《ぶんしょう》の長《なが》さを確認《かくにん》できます。

この本《ほん》は、日本語《にほんご》で読《よ》むことが目的《もくてき》ですから、できるだけ辞書《じしょ》を使《つか》わないで読《よ》みましょう。どうしても分《わ》からない部分《ぶぶん》は、飛《と》ばして読《よ》んでもOK。日本語《にほんご》だけでストーリーを楽《たの》しもうというつもりで、カフェでお気《き》に入《い》りの本《ほん》を読《よ》むように、気軽《きがる》に読《よ》んでみてください。

この本《ほん》の構成《こうせい》

タイトル

リード文《ぶん》

ストーリーを読《よ》み進《すす》めるためのヒントとなる紹介文《しょうかいぶん》です。

ミニイラスト

ストーリーを象徴《しょうちょう》するイラストです。内容《ないよう》の理解《りかい》に役立《やくだ》ちます。

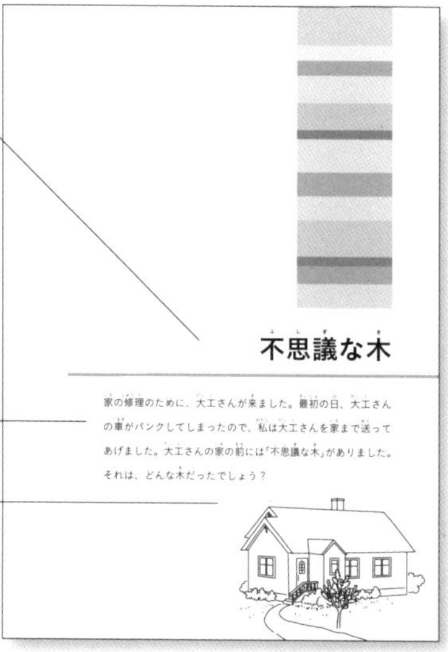

本文《ほんぶん》

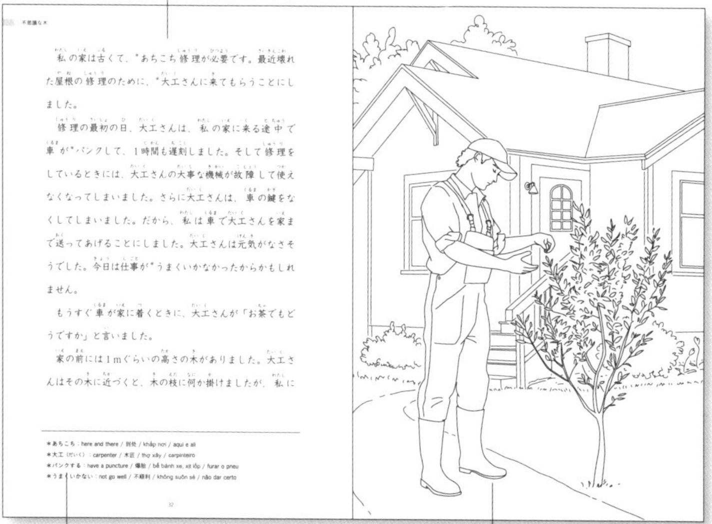

語注《ごちゅう》

N3レベルより難《むずか》しいと思《おも》われる単語《たんご》には語注《ごちゅう》があります。(本文中《ほんぶんちゅう》の「＊」の部分《ぶぶん》)

メインイラスト

ストーリーのポイントとなる場面《ばめん》のイラストです。内容《ないよう》の理解《りかい》に役立《やくだ》ちます。

About This Book

"I want to practice reading Japanese, but I can't find a Japanese book that suits my level." "I tried my best to read a Japanese book, but I wasn't interested in the contents and couldn't finish it." This book was born from the desire to help people with these kinds of worries enjoy "reading Japanese" more.

This book includes heartwarming stories, tear-jerkers and more for a total of 20 unforgettable stories gathered from around the world by the editorial department. Each is profound and leaves you wanting to talk to someone about it after.

This book employs the following means in order to allow you to keep reading in Japanese and use this as a learning material for extensive reading.

- The stories in this book were rewritten using grammar and vocabulary at approximately the JLPT N3 level.
- Illustrations and leading sentences are provided to help you understand the stories.
- Notes are provided for words and expressions considered harder than the N3 level (translations provided in English, Chinese, Vietnamese, and Portuguese).
- Readings are provided for all kanji.
- Each story's length is displayed in number of characters at the end of the text, so you can confirm the length of the stories you have completed.

The purpose of this book is to read in Japanese, so try your best not to use a dictionary. It is OK to skip parts that you just can't understand. Please read lightly with the intention of enjoying the stories in only Japanese, like reading your favorite book at a café.

Structure of This Book

Title

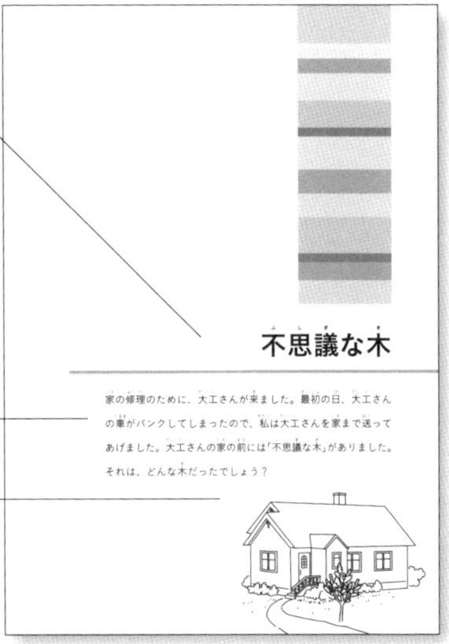
不思議《ふしぎ》な木《き》

家《いえ》の修理《しゅうり》のために、大工《だいく》さんが来《き》ました。最初《さいしょ》の日《ひ》、大工《だいく》さんの車《くるま》がパンクしてしまったので、私《わたし》は大工《だいく》さんを家《いえ》まで送《おく》ってあげました。大工《だいく》さんの家《いえ》の前《まえ》には「不思議《ふしぎ》な木《き》」がありました。それは、どんな木《き》だったでしょう？

Leading Sentence

This is an introductory sentence that gives you hints in order to continue reading the story.

Mini Illustration

This illustration symbolizes the story. It will help you understand the story's contents.

Text

不思議な木

私《わたし》の家《いえ》は古《ふる》くて、*あちこち修理《しゅうり》が必要《ひつよう》です。最近《さいきん》壊《こわ》れた屋根《やね》の修理《しゅうり》のために、*大工《だいく》さんに来《き》てもらうことにしました。

修理《しゅうり》の最初《さいしょ》の日《ひ》、大工《だいく》さんは、私《わたし》の家《いえ》に来《く》る途中《とちゅう》で車《くるま》が*パンクして、1時間《じかん》も遅刻《ちこく》しました。そして修理《しゅうり》をしているときには、大工《だいく》さんの大事《だいじ》な機械《きかい》が故障《こしょう》して使《つか》えなくなってしまいました。さらに大工《だいく》さんは、車《くるま》の鍵《かぎ》をなくしてしまいました。だから、私《わたし》は車《くるま》で大工《だいく》さんを家《いえ》まで送《おく》ってあげることにしました。大工《だいく》さんは元気《げんき》がなさそうでした。今日《きょう》は仕事《しごと》が*うまくいかなかったからかもしれません。

もうすぐ車《くるま》が家《いえ》に着《つ》くときに、大工《だいく》さんが「お茶《ちゃ》でもどうですか」と言《い》いました。

家《いえ》の前《まえ》には1mぐらいの高《たか》さの木《き》がありました。大工《だいく》さんはその木《き》に近《ちか》づくと、木《き》の枝《えだ》に何《なに》か掛《か》けましたが、私《わたし》に

*あちこち：here and there / 到处 / khắp nơi / aqui e ali
*大工（だいく）：carpenter / 木匠 / thợ xây / carpinteiro
*パンクする：have a puncture / 爆胎 / bể bánh xe, xịt lốp / furar o pneu
*うまくいかない：not go well / 不顺利 / không suôn sẻ / não dar certo

32

Vocabulary Notes

There are notes for words and expressions considered harder than the N3 level (marked with a " * " in the text).

Main Illustration

This illustrates the scene of the main point of the story. It will help you understand the story's contents.

关于本书

“我想进行日语阅读练习，但总是找不到适合自己水平的日语书”“我想要坚持读日语书，但对内容没有兴趣，无法坚持读完”。本书就是为了让有着这些烦恼的人能够进一步享受“日语阅读”的乐趣而诞生的。

本书共收录了 20 个故事，都是编辑部从世界各地收集来的“暖人心怀的故事”和“可歌可泣的故事”等让人印象深刻的故事。每一个故事都意味深长，让人看了之后会想要立刻告诉别人。

为了让读者逐步加深日语阅读，本书采用了下述方法，也可以用作泛读学习材料。

- 正文主要以日语能力考试 N3 级水平的词汇和语法来撰写。
- 附带帮助理解故事的导语和插图。
- 被认为高于 N3 级水平的单词和表达均添加注释。（译文为英文、中文、越南文、葡萄牙语）
- 所有汉字均标注假名。
- 正文最后用字数来表示故事长度，自己可以确认读完的文章长度。

本书以日语阅读为目的，因此，阅读时请尽可能不要使用字典。无论如何都看不懂的部分也可以在阅读时跳过。请放松心情，像坐在咖啡店内阅读自己喜爱的书籍一样，抱着只用日语去欣赏故事的想法来阅读本书。

本书的构成

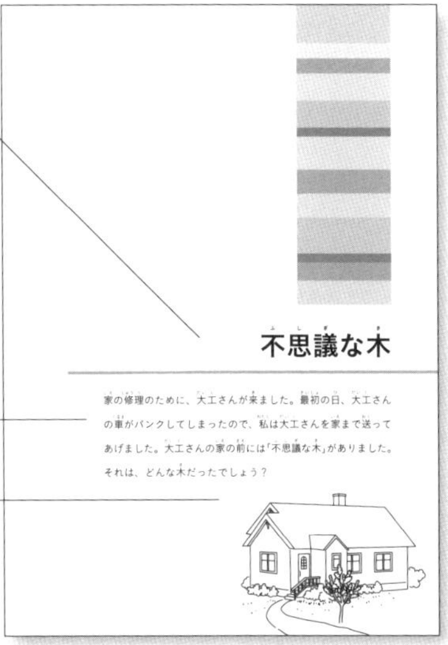

不思議《ふしぎ》な木《き》

家《いえ》の修理《しゅうり》のために、大工《だいく》さんが来《き》ました。最初《さいしょ》の日《ひ》、大工《だいく》さんの車《くるま》がパンクしてしまったので、私《わたし》は大工《だいく》さんを家《いえ》まで送《おく》ってあげました。大工《だいく》さんの家《いえ》の前《まえ》には「不思議《ふしぎ》な木《き》」がありました。それは、どんな木《き》だったでしょう？

标题

导语

用来促进故事阅读的启发性介绍。

小插图

象征故事的插图。有助于内容理解。

正文

不思議な木

私《わたし》の家《いえ》は古《ふる》くて、*あちこち修理《しゅうり》が必要《ひつよう》です。最近壊《さいきんこわ》れた屋根《やね》の修理《しゅうり》のために、*大工《だいく》さんに来《き》てもらうことにしました。

修理《しゅうり》の最初《さいしょ》の日《ひ》、大工《だいく》さんは、私《わたし》の家《いえ》に来《く》る途中《とちゅう》で車《くるま》が*パンクして、1時間《じかん》も遅刻《ちこく》しました。そして修理《しゅうり》をしているときには、大工《だいく》さんの大事《だいじ》な機械《きかい》が故障《こしょう》して使《つか》えなくなってしまいました。さらに大工《だいく》さんは、車《くるま》の鍵《かぎ》をなくしてしまいました。だから、私《わたし》は車《くるま》で大工《だいく》さんを家《いえ》まで送《おく》ってあげることにしました。大工《だいく》さんは元気《げんき》がなさそうでした。今日《きょう》は仕事《しごと》が*うまくいかなかったからかもしれません。

もうすぐ車《くるま》が家《いえ》に着《つ》くときに、大工《だいく》さんが「お茶《ちゃ》でもどうですか」と言《い》いました。

家《いえ》の前《まえ》には1mぐらいの高《たか》さの木《き》がありました。大工《だいく》さんはその木《き》に近《ちか》づくと、木《き》の枝《えだ》に何《なに》か掛《か》けましたが、私《わたし》に

＊あちこち：here and there / 到处 / khắp nơi / aqui e ali
＊大工（だいく）：carpenter / 木匠 / thợ xây / carpinteiro
＊パンクする：have a puncture / 爆胎 / bể bánh xe, xịt lốp / furar o pneu
＊うまくいかない：not go well / 不顺利 / không suôn sẻ / não dar certo

32

注释

被认为高于 N3 级水平的单词和表达均添加注释。（正文中的“*”部分）

主要插图

故事关键场景的插图。有助于内容理解。

Về quyển sách này

"Muốn luyện đọc tiếng Nhật mà chẳng tìm được quyển sách tiếng Nhật nào hợp với trình độ của mình", "Mình đã cố gắng đọc sách tiếng Nhật nhưng không thấy hứng thú gì với nội dung nên đã không đọc đến hết được". Quyển sách này ra đời từ mong muốn những người có những trăn trở như vậy có thể vui vẻ thưởng thức "việc đọc bằng tiếng Nhật" hơn nữa.

Đăng trong sách là 20 mẩu truyện đọng lại trong trái tim như "truyện sưởi ấm trái tim", "truyện cảm động đến phát khóc" v.v. được ban biên tập sưu tầm từ khắp thế giới. Tất cả đều là những truyện có ý nghĩa sâu sắc, khiến bạn muốn kể cho ai đó nghe ngay lập tức sau khi đọc.

Để các bạn có thể đọc thật nhiều bằng tiếng Nhật, quyển sách này đã được áp dụng những công phu sau đây, các bạn có thể sử dụng như một tài liệu học đọc nhiều.

- Phần nội dung chính được viết lại bằng các cụm từ, ngữ pháp trình độ N3 của Kỳ thi Năng lực tiếng Nhật.
- Có câu dẫn và tranh minh họa giúp hiểu nội dung mẩu truyện.
- Với những từ vựng và cách diễn đạt được cho rằng khó hơn trình độ N3 thì có chú giải từ. (Dịch tiếng Anh, tiếng Trung, tiếng Việt, tiếng Bồ Đào Nha)
- Tất cả Hán tự đều có cách đọc.
- Độ dài mẩu truyện được thể hiện bằng số chữ ở cuối truyện, bạn có thể kiểm tra được độ dài đoạn văn mình đã đọc trọn vẹn.

Vì quyển sách này có mục đích là đọc bằng tiếng Nhật nên các bạn hãy hạn chế sử dụng từ điển trong khả năng có thể để đọc. Những phần nào không thể hiểu được, các bạn đọc lướt qua cũng được. Hãy thử đọc một cách thoải mái với tâm trạng thưởng thức truyện chỉ bằng tiếng Nhật, như thể bạn đọc quyển sách mình yêu thích ở tiệm cà phê .

Cấu trúc của quyển sách này

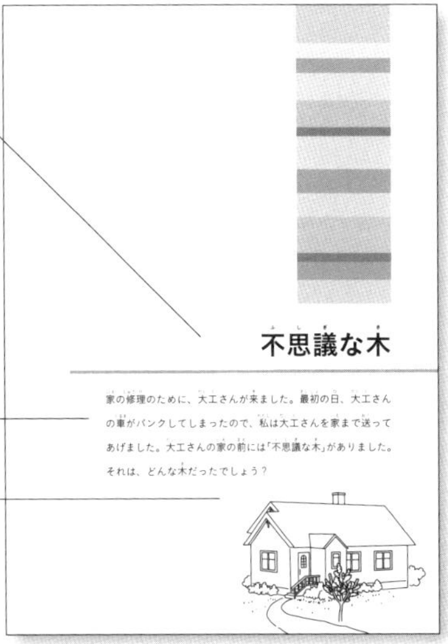
不思議《ふしぎ》な木《き》

家《いえ》の修理《しゅうり》のために、大工《だいく》さんが来《き》ました。最初《さいしょ》の日《ひ》、大工《だいく》さんの車《くるま》がパンクしてしまったので、私《わたし》は大工《だいく》さんを家《いえ》まで送《おく》ってあげました。大工《だいく》さんの家《いえ》の前《まえ》には「不思議《ふしぎ》な木《き》」がありました。それは、どんな木《き》だったでしょう？

Tên truyện

Câu dẫn

Câu giới thiệu gợi ý để có thể đọc truyện.

Tranh minh họa nhỏ

Tranh minh họa tượng trưng cho truyện. Giúp hiểu được nội dung truyện.

Nội dung chính

不思議な木

私《わたし》の家《いえ》は古《ふる》くて、*あちこち修理《しゅうり》が必要《ひつよう》です。最近壊《さいきんこわ》れた屋根《やね》の修理《しゅうり》のために、*大工《だいく》さんに来《き》てもらうことにしました。

修理《しゅうり》の最初《さいしょ》の日《ひ》、大工《だいく》さんは、私《わたし》の家《いえ》に来《く》る途中《とちゅう》で車《くるま》が*パンクして、1時間《じかん》も遅刻《ちこく》しました。そして修理《しゅうり》をしているときには、大工《だいく》さんの大事《だいじ》な機械《きかい》が故障《こしょう》して使《つか》えなくなってしまいました。さらに大工《だいく》さんは、車《くるま》の鍵《かぎ》をなくしてしまいました。だから、私《わたし》は車《くるま》で大工《だいく》さんを家《いえ》まで送《おく》ってあげることにしました。大工《だいく》さんは元気《げんき》がなさそうでした。今日《きょう》は仕事《しごと》が*うまくいかなかったからかもしれません。

もうすぐ車《くるま》が家《いえ》に着《つ》くときに、大工《だいく》さんが「お茶《ちゃ》でもどうですか」と言《い》いました。

家《いえ》の前《まえ》には1mぐらいの高《たか》さの木《き》がありました。大工《だいく》さんはその木《き》に近《ちか》づくと、木《き》の枝《えだ》に何《なに》か掛《か》けましたが、私《わたし》に

*あちこち：here and there / 到处 / khắp nơi / aqui e ali
*大工（だいく）：carpenter / 木匠 / thợ xây / carpinteiro
*パンクする：have a puncture / 爆胎 / bể bánh xe, xịt lốp / furar o pneu
*うまくいかない：not go well / 不順利 / không suôn sẻ / não dar certo

32

Chú giải từ

Với những từ vựng và cách diễn đạt được cho rằng khó hơn trình độ N3, có chú giải từ. (Phần dấu * trong nội dung chính)

Tranh minh họa chính

Tranh minh họa tình huống là điểm quan trọng của truyện. Giúp hiểu được nội dung truyện.

Sobre este livro

"Eu quero praticar a leitura em japonês, mas é difícil achar um livro do meu nível", "Tentei ler livros em japonês, mas não consegui concluir porque o seu conteúdo não era nada interessante". Este livro foi feito para as pessoas que passaram por essas situações, desejando-lhes oferecer uma leitura prazerosa em japonês.

Foram reunidas vinte histórias comoventes e emocionantes do mundo inteiro pelo departamento editorial. São histórias marcantes que dá vontade de contar para alguém logo depois de ler. Foram adotados os seguintes métodos para facilitar a leitura de textos em japonês. Este livro pode ser utilizado também como material de estudo de leitura extensiva.

- Os textos foram reescritos utilizando principalmente o vocabulário e a gramática do nível 3 do Exame de proficiência em língua japonesa.
- O texto vem acompanhado de uma introdução e ilustrações para facilitar a compreensão do seu conteúdo.
- O vocabulário e as expressões considerados mais difíceis do que o nível 3 foram explicados no glossário (com tradução para o inglês, chinês, vietnamita e português).
- Todos os ideogramas *kanji* vêm acompanhados de sua leitura.
- No final de cada texto está registrado o número de caracteres, para o leitor poder verificar o comprimento do texto que acabou de ler.

Como o objetivo deste livro é a leitura de textos em japonês, procure não utilizar o dicionário. A leitura pode ser prosseguida mesmo sem entender um trecho. Faça a leitura de forma descontraída, como se lesse o seu livro preferido num café, procurando desfrutar do conteúdo somente em japonês.

Composição deste livro

Título

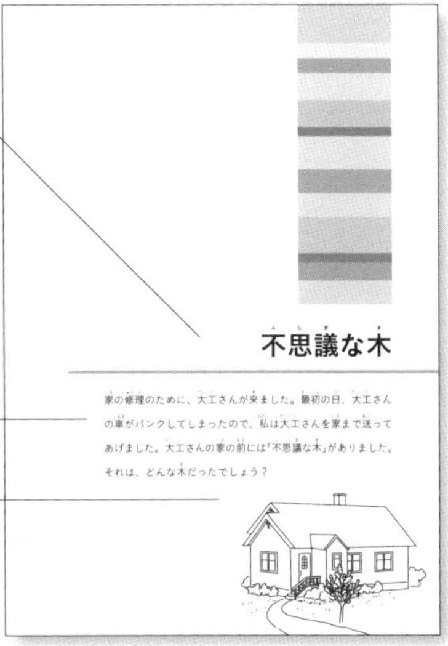
不思議《ふしぎ》な木《き》

家《いえ》の修理《しゅうり》のために、大工《だいく》さんが来《き》ました。最初《さいしょ》の日《ひ》、大工《だいく》さんの車《くるま》がパンクしてしまったので、私《わたし》は大工《だいく》さんを家《いえ》まで送《おく》ってあげました。大工《だいく》さんの家《いえ》の前《まえ》には「不思議《ふしぎ》な木《き》」がありました。それは、どんな木《き》だったでしょう？

Introdução

Breve apresentação que oferece dicas para a leitura da história.

Pequena ilustração

Ilustração que simboliza a história. Ajuda na compreensão do seu conteúdo.

Texto

不思議な木

私《わたし》の家《いえ》は古《ふる》くて、*あちこち修理《しゅうり》が必要《ひつよう》です。最近《さいきん》壊《こわ》れた屋根《やね》の修理《しゅうり》のために、*大工《だいく》さんに来《き》てもらうことにしました。

修理《しゅうり》の最初《さいしょ》の日《ひ》、大工《だいく》さんは、私《わたし》の家《いえ》に来《く》る途中《とちゅう》で車《くるま》が*パンクして、1時間《じかん》も遅刻《ちこく》しました。そして修理《しゅうり》をしているときには、大工《だいく》さんの大事《だいじ》な機械《きかい》が故障《こしょう》して使《つか》えなくなってしまいました。さらに大工《だいく》さんは、車《くるま》の鍵《かぎ》をなくしてしまいました。だから、私《わたし》は車《くるま》で大工《だいく》さんを家《いえ》まで送《おく》ってあげることにしました。大工《だいく》さんは元気《げんき》がなさそうでした。今日《きょう》は仕事《しごと》が*うまくいかなかったからかもしれません。

もうすぐ車《くるま》が家《いえ》に着《つ》くときに、大工《だいく》さんが「お茶《ちゃ》でもどうですか」と言《い》いました。

家《いえ》の前《まえ》には1mぐらいの高《たか》さの木《き》がありました。大工《だいく》さんはその木《き》に近《ちか》づくと、木《き》の枝《えだ》に何《なに》か掛《か》けましたが、私《わたし》に

＊あちこち：here and there / 到处 / khắp nơi / aqui e ali
＊大工（だいく）：carpenter / 木匠 / thợ xây / carpinteiro
＊パンクする：have a puncture / 爆胎 / bể bánh xe, xịt lốp / furar o pneu
＊うまくいかない：not go well / 不顺利 / không suôn sẻ / não dar certo

32

Glossário

O vocabulário e as expressões considerados mais difíceis do que o nível 3 foram explicados no glossário (com " ＊ " no texto).

Ilustração principal

Ilustração da cena principal da história. Ajuda na compreensão do seu conteúdo.

CONTENTS 目次《もくじ》

P.15 愛《あい》する人《ひと》との食事《しょくじ》

P.19 箱《はこ》いっぱいのキス

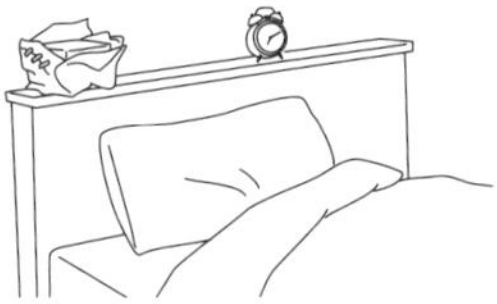

P.23 そばかすより
かっこいいのは？

P.27 技術《ぎじゅつ》の価値《かち》

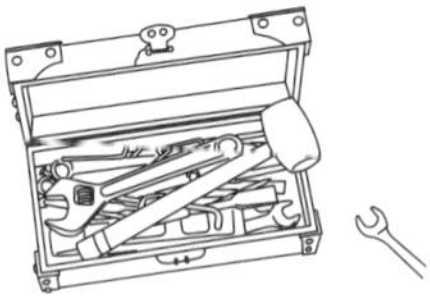

P.31 不思議《ふしぎ》な木《き》

P.37 バブルラップ

P.43 お金《かね》より自信《じしん》

P.49 木《き》の器《うつわ》

P.55 フォークはそのままで

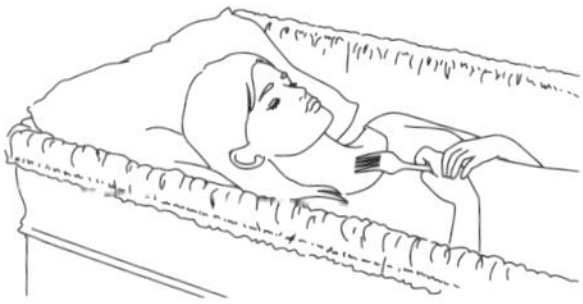

P.61 体《からだ》で一番大切《いちばんたいせつ》な所《ところ》

P.67 バンドエイドの誕生《たんじょう》

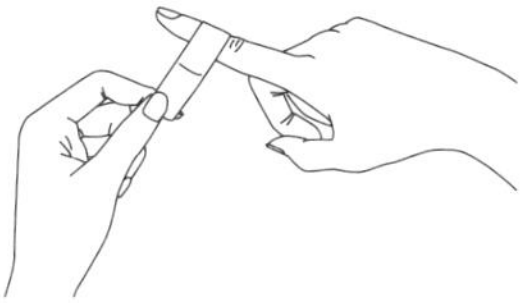

P.73 科学《かがく》と美術《びじゅつ》の交差点《こうさてん》

P.79 フリオの2度目《どめ》の情熱《じょうねつ》

P.85 父《ちち》がしたかったこと

P.93 AIBO《アイボ》の葬式《そうしき》

P.101 トッドの約束《やくそく》

P.109 ミスター豆腐《とうふ》

P.117 ラスト・ブックストア
(The Last Bookstore)

P.125 心《こころ》の目《め》

P.133 後《うし》ろに気《き》を付《つ》けて

愛《あい》する人《ひと》との食事《しょくじ》

けがをしたおじいさんが、朝早《あさはや》く病院《びょういん》に来《き》ました。おじいさんはとても急《いそ》いでいました。どうしてそんなに急《いそ》いでいるのでしょうか。

ある日《ひ》の朝《あさ》８時半《じはん》ごろ、私《わたし》の病院《びょういん》に80歳《さい》ぐらいのおじいさんが来《き》ました。

「９時《じ》に約束《やくそく》があるんです。すぐ診《み》てください」
「分《わ》かりました。指《ゆび》のけがですね」

指《ゆび》を診《み》ると、けがはそれほどひどくありませんでしたから、あまり時間《じかん》はかからないだろうと思《おも》いました。

「このぐらいなら、すぐ終《お》わりますよ」
「そうですか。それはよかった」
「*それにしても、どうしてそんなに急《いそ》いでいるんですか」
「実《じつ》は、９時《じ》に妻《つま》と一緒《いっしょ》に朝《あさ》ご飯《はん》を食《た》べるんです」
「ああ、奥《おく》さんがお宅《たく》で待《ま》っているんですね」
「いえ、妻《つま》は*老人《ろうじん》ホームに入《はい》っています。*認知症《にんちしょう》なん

＊それにしても：even so / 尽管如此 / dù vậy đi nữa / mas,
＊老人（ろうじん）ホーム：elderly care home / 老人院 / viện dưỡng lão / asilo
＊認知症（にんちしょう）：dementia / 痴呆症 / chứng mất trí nhớ / demência

です」

「認知症《にんちしょう》ですか。少《すこ》しでも朝《あさ》ご飯《はん》に遅れたら、奥《おく》さんは怒《おこ》ってしまいますか？」

「そんなことはありません。妻《つま》は、私《わたし》が誰《だれ》か、もう分《わ》からないんですから。そろそろ５年《ねん》になるかな」

「５年《ねん》？！　奥《おく》さんはあなたのことが分《わ》からないのに、５年間《ねんかん》も毎朝《まいあさ》奥《おく》さんのところへ通《かよ》ってるんですか？」

「ええ。妻《つま》は私《わたし》のことが分《わ》からないけど、私《わたし》は妻《つま》のことが分《わ》かりますからね」

おじいさんは*ほほ笑《え》みながらそう言《い》って、急《いそ》いで出《で》て行《い》きました。

■443文字■

＊ほほ笑む（ほほえむ）：smile / 微笑 / mỉm cười / sorrir

箱《はこ》いっぱいのキス

クリスマスの前《まえ》の日《ひ》のことでした。３歳《さい》の女《おんな》の子《こ》が、金色《きんいろ》の紙《かみ》を使《つか》って、一生懸命《いっしょうけんめい》に箱《はこ》を包《つつ》んでいました。父親《ちちおや》へのプレゼントを包《つつ》んでいるのです。女《おんな》の子《こ》は一体《いったい》、何《なに》をプレゼントするのでしょうか……？

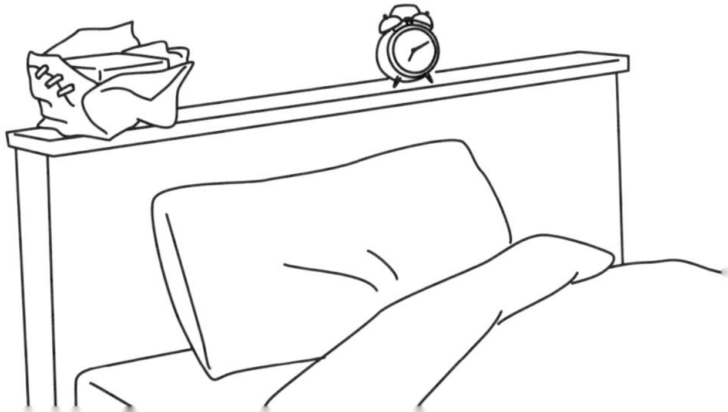

３歳《さい》の女《おんな》の子《こ》、スージーはお父《とう》さんと二人《ふたり》で暮《く》らしていました。あまりお金《かね》はありませんでしたが、幸《しあわ》せでした。ある年《とし》のクリスマスの前《まえ》の日《ひ》、スージーはお父《とう》さんにすてきなプレゼントを用意《ようい》しました。

スージーはプレゼントの箱《はこ》を金色《きんいろ》の紙《かみ》できれいに包《つつ》みたいと思《おも》いました。でも、まだ３歳《さい》だったので、紙《かみ》をはさみで真《ま》っすぐに切《き》ることはできませんでした。それに紙《かみ》を破《やぶ》いてしまって、テープをたくさん貼《は》らなくてはなりませんでした。一生懸命包《いっしょうけんめいつつ》みましたが、あまりきれいに包《つつ》めませんでした。

次《つぎ》の日《ひ》、スージーはその金色《きんいろ》の箱《はこ》をお父《とう》さんにプレゼントしました。

「パパ、これ、クリスマスのプレゼント！」

父親《ちちおや》が喜《よろこ》んで箱《はこ》を開《あ》けると、中《なか》には何《なに》も入《はい》っていません

でした。

「ねえ、スージー」と彼《かれ》は言《い》いました。「この箱《はこ》は*空《から》っぽじゃないか。高《たか》い紙《かみ》を*無駄遣《むだづか》いしてはいけないよ」

スージーは目《め》に涙《なみだ》をためて、父親《ちちおや》に言《い》いました。

「パパ、空《から》っぽじゃないよ。その箱《はこ》にキスをいっぱい入れたんだから。全部《ぜんぶ》パパにあげたいの」

父親《ちちおや》は、小《ちい》さな娘《むすめ》を*抱《だ》きしめました。

その日《ひ》からずっと、スージーの父親《ちちおや》は自分《じぶん》のベッドのそばに、その金色《きんいろ》の箱《はこ》を置《お》いておきました。そして、悲《かな》しいときにはいつも、スージーのキスを一《ひと》つ取《と》り出《だ》して、娘《むすめ》の愛情《あいじょう》を思《おも》い出《だ》すのでした。

■526文字■

---

*空っぽ（からっぽ）：empty / 空的 / trống không / vazio

*無駄遣いする（むだづかいする）：waste / 浪费 / xài phí phạm / desperdiçar

*抱きしめる（だきしめる）：embrace / 抱紧 / ôm chặt / abraçar

そばかすより
かっこいいのは？

顔《かお》にそばかすのたくさんある男《おとこ》の子《こ》が、おばあさんと一緒《いっしょ》に動物園《どうぶつえん》へ出掛《でか》けました。男《おとこ》の子《こ》は、行列《ぎょうれつ》に並《なら》んでいる女《おんな》の子《こ》に話《はな》しかけましたが、顔《かお》のそばかすのことを悪《わる》く言《い》われてしまいました。その時《とき》、おばあさんは……。

ある小《ちい》さな町《まち》に、おばあさんと孫《まご》の男《おとこ》の子《こ》が二人《ふたり》で住《す》んでいました。男《おとこ》の子《こ》には*そばかすが顔中《かおじゅう》にたくさんありました。

ある日《ひ》の午後《ごご》、二人《ふたり》は動物園《どうぶつえん》に行《い》きました。いろいろな動物《どうぶつ》を見《み》て*歩《ある》き回《まわ》っていると、テントの前《まえ》にたくさんの子《こ》どもたちがいました。子《こ》どもたちは、一列《いちれつ》に並《なら》んで、何《なに》かを待《ま》っています。

「何《なに》を待《ま》ってるの？」

男《おとこ》の子《こ》は、並《なら》んでいる女《おんな》の子《こ》に聞《き》きました。

「画家《がか》がほっぺたに好《す》きな動物《どうぶつ》の絵《え》を描《か》いてくれるのよ」

と、女《おんな》の子《こ》は答《こた》えました。そして、男《おとこ》の子《こ》の顔《かお》をじっと*見《み》つめると、こう言《い》いました。

「あなたの顔《かお》はそばかすがいっぱいね。そんなほっぺたには動物《どうぶつ》を描《か》く場所《ばしょ》なんてどこにもないわ！」

男《おとこ》の子《こ》は、悲《かな》しくて*うつむきました。

＊そばかす：freckles / 雀斑 / tàn nhang / sarda

＊歩き回る（あるきまわる）：to walk around / 到处走 / đi quanh / caminhar

＊見つめる（みつめる）：to stare at / 凝视 / nhìn chằm chằm / observar

＊うつむく：to hang one's head / 低头 / cúi đầu / olhar para baixo

するとおばあさんは、男《おとこ》の子《こ》の顔《かお》を正面《しょうめん》から見《み》ながら言《い》いました。

「私《わたし》はあなたのそばかすが大好《だいす》きよ」

そして、男《おとこ》の子《こ》のほっぺたに優《やさ》しく触《さわ》りながら言《い》いました。

「画家《がか》は、あなたのほっぺたに立派《りっぱ》な*ヒョウを描《か》いてくれるわ。それに、そばかすはとてもすてきよ。私《わたし》は小《ちい》さい頃《ころ》、いつも、そばかすがあったらいいのに、と思《おも》っていたの」

男《おとこ》の子《こ》は顔《かお》を上《あ》げて「本当《ほんとう》？」と言《い》いました。

「もちろん！」とおばあさんは答《こた》えました。

「そばかすよりもかっこいいものって、他《ほか》にあるかしら？」

男《おとこ》の子《こ》は少《すこ》し考《かんが》え、おばあさんの顔《かお》をよく見《み》てから、小《ちい》さな声《こえ》で言《い》いました。

「しわだよ」

■559文字■

＊ヒョウ：leopard / 豹子 / con báo / leopardo

技術《ぎじゅつ》の価値《かち》

大型船《おおがたせん》のエンジンが故障《こしょう》してしまいました。船《ふね》の持《も》ち主《ぬし》は多《おお》くの専門家《せんもんか》に修理《しゅうり》を頼《たの》みますが、誰《だれ》も直《なお》せませんでした。そこで、船《ふね》の持《も》ち主《ぬし》は、船《ふね》をたくさん造《つく》った経験《けいけん》のある老人《ろうじん》に修理《しゅうり》を頼《たの》みました。その老人《ろうじん》のおかげでエンジンは無事《ぶじ》に直《なお》ったのですが……。

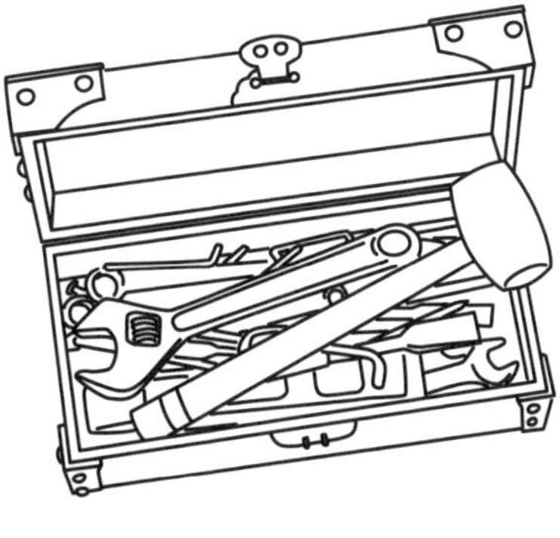

最新《さいしん》の技術《ぎじゅつ》で造《つく》った巨大《きょだい》な船《ふね》のエンジンが、突然動《とつぜんうご》かなくなってしまいました。船《ふね》の持《も》ち主《ぬし》は、多《おお》くの専門家《せんもんか》に修《しゅう》理《り》を頼《たの》みました。専門家《せんもんか》たちには全部《ぜんぶ》で数十万《すうじゅうまん》ドルも支払《しはら》われたのですが、誰《だれ》もエンジンを修理《しゅうり》することはできませんでした。

そこで、船《ふね》の持《も》ち主《ぬし》は、若《わか》い時《とき》から何十年《なんじゅうねん》も船《ふね》を造《つく》ってきた老人《ろうじん》を見《み》つけて、修理《しゅうり》を頼《たの》んでみることにしました。その老人《ろうじん》は船《ふね》のことなら何《なん》でも知《し》っている、と聞《き》いたからです。老人《ろうじん》は、船《ふね》の修理《しゅうり》を引《ひ》き受《う》けました。

老人《ろうじん》は道具《どうぐ》の入《はい》った大《おお》きなかばんを持《も》ってきて、船《ふね》の持《も》ち主《ぬし》の前《まえ》で、すぐに作業《さぎょう》を始《はじ》めました。彼《かれ》は最初《さいしょ》にエンジンを*隅々《すみずみ》まで、とても*注意深《ちゅういぶか》く調《しら》べました。エンジンの全《すべ》ての部分《ぶぶん》を調《しら》べ終《お》わると、かばんの中《なか》から、小《ちい》さなハンマーを取《と》り出《だ》しました。そして、エンジンのある部分《ぶぶん》を

---

*隅々まで（すみずみまで）：in every corner / 各个角落 / mọi ngóc ngách / de ponta a ponta
*注意深い（ちゅういぶかい）：careful / 小心翼翼 / cẩn thận / cuidadosamente

優《やさ》しくたたきました。するとエンジンはすぐに動《うご》き始《はじ》めました。老人《ろうじん》は丁寧《ていねい》にハンマーをしまいました。エンジンが直《なお》ったのです！

1週間後《しゅうかんご》、船《ふね》の持《も》ち主《ぬし》は老人《ろうじん》から1万《まん》ドルの*請求書《せいきゅうしょ》を受《う》け取《と》りました。

「何《なん》だと！」と船《ふね》の持《も》ち主《ぬし》は叫《さけ》びました。「ハンマーでちょっとたたいただけで、特別《とくべつ》なことは何《なに》もしなかったじゃないか！」

そこで船《ふね》の持《も》ち主《ぬし》は老人《ろうじん》に、請求《せいきゅう》の*明細《めいさい》を送《おく》るように要求《ようきゅう》しました。

すると老人《ろうじん》は、次《つぎ》のような請求書《せいきゅうしょ》を送《おく》ってきました。

ハンマーでたたいたこと ………………………………… 2ドル
どこをたたかなければならないかを*見分《みわ》けたこと … 9,998ドル

■574文字■

＊請求書（せいきゅうしょ）：bill / 付款通知单 / hóa đơn / fatura
＊明細（めいさい）：details, breakdown / 明细 / chi tiết / detalhes
＊見分ける（みわける）：to identify / 辨别 / phân biệt / distinguir

不思議《ふしぎ》な木《き》

家《いえ》の修理《しゅうり》のために、大工《だいく》さんが来《き》ました。最初《さいしょ》の日《ひ》、大工《だいく》さんの車《くるま》がパンクしてしまったので、私《わたし》は大工《だいく》さんを家《いえ》まで送《おく》ってあげました。大工《だいく》さんの家《いえ》の前《まえ》には「不思議《ふしぎ》な木《き》」がありました。それは、どんな木《き》だったでしょう？

私《わたし》の家《いえ》は古《ふる》くて、*あちこち修理《しゅうり》が必要《ひつよう》です。最近《さいきん》壊《こわ》れた屋根《やね》の修理《しゅうり》のために、*大工《だいく》さんに来《き》てもらうことにしました。

修理《しゅうり》の最初《さいしょ》の日《ひ》、大工《だいく》さんは、私《わたし》の家《いえ》に来《く》る途中《とちゅう》で車《くるま》が*パンクして、１時間《じかん》も遅刻《ちこく》しました。そして修理《しゅうり》をしているときには、大工《だいく》さんの大事《だいじ》な機械《きかい》が故障《こしょう》して使《つか》えなくなってしまいました。さらに大工《だいく》さんは、車《くるま》の鍵《かぎ》をなくしてしまいました。だから、私《わたし》は車《くるま》で大工《だいく》さんを家《いえ》まで送《おく》ってあげることにしました。大工《だいく》さんは元気《げんき》がなさそうでした。今日《きょう》はいろいろ*うまくいかなかったからかもしれません。

もうすぐ車《くるま》が家《いえ》に着《つ》くときに、大工《だいく》さんが「お茶《ちゃ》でもどうですか」と言《い》いました。

家《いえ》の前《まえ》には１ｍぐらいの高《たか》さの木《き》がありました。大工《だいく》さんはその木《き》に近《ちか》づくと、木《き》の枝《えだ》に何《なに》か掛《か》けましたが、私《わたし》に

＊あちこち：here and there / 到处 / khắp nơi / aqui e ali

＊大工（だいく）：carpenter / 木匠 / thợ xây / carpinteiro

＊パンクする：have a puncture / 爆胎 / bể bánh xe, xịt lốp / furar o pneu

＊うまくいかない：not go well / 不顺利 / không suôn sẻ / não dar certo

は何《なに》も見《み》えませんでした。木《き》に何《なに》かを掛《か》けた大工《だいく》さんは、とても明《あか》るい表情《ひょうじょう》になりました。

そして、笑顔《えがお》で家《いえ》に入《はい》ると、二人《ふたり》の子《こ》どもを*ぎゅっと抱《だ》きしめて、奥《おく》さんに「ただいま」のキスをしました。

私《わたし》はお茶《ちゃ》を1杯《ぱい》いただきました。

帰《かえ》る時《とき》、大工《だいく》さんは車《くるま》の所《ところ》まで見送《みおく》りに来《き》てくれました。

「さっき、木《き》の枝《えだ》に何《なに》を掛《か》けたんですか？」

と、私《わたし》は大工《だいく》さんに聞《き》きました。大工《だいく》さんは笑《わら》いながら、

「ああ。あれは、今日《きょう》の苦労《くろう》をこの木《き》の枝《えだ》に掛《か》けたんですよ。仕事《しごと》で何《なに》があっても、家族《かぞく》には関係《かんけい》ありません。私《わたし》は家《いえ》の中《なか》で疲《つか》れた顔《かお》をしたくありませんから、家《いえ》に入《はい》る前《まえ》に、今日《きょう》の苦労《くろう》を、あの木《き》に掛《か》けておくんです」

と言《い》いました。そして、

「次《つぎ》の日《ひ》の朝《あさ》、木《き》を見《み》ると、前《まえ》の日《ひ》に掛《か》けたものが少《すく》なく

＊ぎゅっと抱きしめる（だきしめる）：hug tightly / 紧紧抱住 / ôm siết vào lòng / abraçar fortemente

なっているんです。不思議《ふしぎ》でしょう？」

と木《き》を触《さわ》りながら言《い》いました。

■668文字■

バブルラップ

バブルラップという商品《しょうひん》がある。これは誰《だれ》でも一度《いちど》は見《み》たことがある物《もの》だが、初《はじ》めて作《つく》られた時《とき》は、今《いま》と全然違《ぜんぜんちが》う使《つか》い方《かた》だった。この商品《しょうひん》の使《つか》い方《かた》はどのように変《か》わって、そして、どうやって世界《せかい》に広《ひろ》がっていったのだろうか。

　ある発明品《はつめいひん》が、最初《さいしょ》の使《つか》い方《かた》ではなくて、別《べつ》の使《つか》い方《かた》で価値《かち》が出《で》ることがある。

　1957年《ねん》にアメリカ人《じん》エンジニアのアルフレッド・フィールディングとスイス人発明家《じんはつめいか》のマルク・シャバンヌは、それまでにない新《あたら》しい*壁紙《かべがみ》を作ろうとしていた。二人《ふたり》は、２枚《まい》のシャワーカーテンを貼《は》り合《あ》わせて、その間《あいだ》に空気《くうき》の泡《あわ》を閉《と》じ込《こ》めた。完成《かんせい》した壁紙《かべがみ》は、空気《くうき》の泡《あわ》でデコボコしたものだった。しかし、その壁紙《かべがみ》はほとんど売《う》れなかった。それで、シールドエアーという彼《かれ》らの会社《かいしゃ》は、この壁紙《かべがみ》を*ビニールハウスの覆《おお》いとして売《う》ることにした。これは少《すこ》し売《う》れたが、彼《かれ》らはまだまだ満足《まんぞく》しなかった。

　そんなとき、二《ふた》つの出来事《できごと》が重《かさ》なって、全《まった》く新《あたら》しいアイデアが生《う》まれた。一《ひと》つは、コンピューター会社《がいしゃ》のIBMが1401という新《あたら》しいコンピューターを作《つく》ったことだった。そしてもう一《ひと》つは、シールドエアーの社員《しゃいん》が飛行機《ひこうき》に乗《の》っ

＊壁紙（かべがみ）：wallpaper / 壁纸 / giấy dán tường / papel de parede

＊ビニールハウスの覆い（おおい）：greenhouse covering / 塑料温室罩 / đồ phủ nhà nylon (trồng cây) / cobertura da estufa

ていたときに、ある景色《けしき》を見《み》たことだった。

1959年《ねん》のある日《ひ》、シールドエアーの社員《しゃいん》のフレデリック・バウワーズは、飛行機《ひこうき》に乗《の》っていた。飛行機《ひこうき》の窓《まど》から外《そと》を見《み》ると、飛行機《ひこうき》の下《した》に広《ひろ》がる雲《くも》が見《み》えた。雲《くも》はまるで柔《やわ》らかい枕《まくら》のように、飛行機《ひこうき》をやさしく支《ささ》えていた。その瞬間《しゅんかん》、彼《かれ》は歴史《れきし》に残《のこ》るアイデアを*思《おも》い付《つ》いた。商品《しょうひん》を*保護《ほご》するために、シールドエアーの発明品《はつめいひん》を使《つか》ったらどうだろうか。運《はこ》ぶ途中《とちゅう》で壊《こわ》れてはいけないような*デリケートな商品《しょうひん》……例《たと》えば、コンピューター！

バウワーズはIBMに行《い》って、自分《じぶん》たちの発明品《はつめいひん》を紹介《しょうかい》し、どうやって使《つか》うのか説明《せつめい》した。IBMの人《ひと》たちは発明品《はつめいひん》を気《き》に入《い》って、1401を保護《ほご》するのに使《つか》うことを決《き》めた。1401はその後《ご》、世界《せかい》で最《もっと》もよく使《つか》われたコンピューターの一《ひと》つとなったのである。

コンピューターだけではなく、デリケートな商品《しょうひん》をどう

---

*思い付く（おもいつく）：come up with / 想到 / nghĩ ra / ter (uma ideia)

*保護する（ほごする）：protect / 保护 / bảo vệ / proteger

*デリケートな：delicate / 纤细的 / tinh vi / delicado

やって保護《ほご》するかは、多《おお》くの会社《かいしゃ》の長年《ながねん》の問題《もんだい》だった。この新《あたら》しい*梱包材《こんぽうざい》の素晴《すば》らしさが理解《りかい》されると、この梱包《こんぽう》材《ざい》はどんどん広《ひろ》がっていった。

今《いま》、この梱包材《こんぽうざい》はバブルラップとして知《し》られている。企《き》業《ぎょう》が高価《こうか》な商品《しょうひん》を包《つつ》んだり、誕生日《たんじょうび》プレゼントを郵便《ゆうびん》で送《おく》るときに包《つつ》んだりと、いろいろな所《ところ》で使《つか》われている。そして、子《こ》どもたちがバブルラップを*潰《つぶ》して音《おと》を鳴《な》らして遊《あそ》ぶこともある。しかし、これを壁紙《かべがみ》として使《つか》っている人《ひと》はいないだろう。

今《いま》では、シールドエアーは世界的《せかいてき》な会社《かいしゃ》となって、毎年《まいとし》地球《ちきゅう》10周分《しゅうぶん》の長《なが》さのバブルラップを作《つく》っている。

■955文字■

＊梱包材（こんぽうざい）：packing material / 包装材料 / vật liệu đóng gói / material de embalagem

＊潰す（つぶす）：pop / 按破 / bóp bể / estourar

バブルラップ

お金《かね》より自信《じしん》

会社《かいしゃ》の経営《けいえい》に失敗《しっぱい》したビジネスマンが、公園《こうえん》のベンチで悩《なや》んでいます。どうすれば会社《かいしゃ》が守《まも》れるのか、なかなかいいアイデアが出《で》てきません。そこに、一人《ひとり》の老人《ろうじん》が現《あらわ》れます。老人《ろうじん》と出会《であ》ったビジネスマンは再《ふたた》び成功《せいこう》しますが……。

会社《かいしゃ》を経営《けいえい》している一人《ひとり》の男《おとこ》がいました。彼《かれ》の会社《かいしゃ》はたくさんの借金《しゃっきん》があって、困《こま》っていました。彼《かれ》は、どうすればいいか分《わ》かりませんでした。彼《かれ》に借金《しゃっきん》を返《かえ》せと言《い》う人《ひと》もいますし、支払《しはら》いをしろと言《い》う人《ひと》もいます。彼《かれ》は、*頭《あたま》を抱《かか》えて公園《こうえん》のベンチに座《すわ》りました。そして、何《なに》か方法《ほうほう》はないか、必死《ひっし》に考《かんが》えていました。

「何《なに》か困《こま》っているようだね」

突然《とつぜん》、一人《ひとり》の老人《ろうじん》が現《あらわ》れて言《い》いました。彼《かれ》が老人《ろうじん》に自分《じぶん》の会社《かいしゃ》の話《はなし》をすると、「じゃあ、助《たす》けてあげよう」とその老人《ろうじん》は言《い》いました。そして、老人《ろうじん》は彼《かれ》の名前《なまえ》を聞《き》くと、*小《こ》切手《ぎって》に金額《きんがく》を書《か》いて、彼《かれ》に渡《わた》しました。

「このお金《かね》を持《も》っていきなさい。そして、ちょうど1年後《ねんご》にここで返《かえ》してくれればいい」

老人《ろうじん》はそう言《い》って、現《あらわ》れた時《とき》と同《おな》じように、さっといな

＊頭を抱える（あたまをかかえる）：to hold one's head in one's hands / 抱头 / ôm đầu suy nghĩ / expressão que significa não saber o que fazer

＊小切手（こぎって）：check / 支票 / ngân phiếu / cheque

くなりました。

彼《かれ》は小切手《こぎって》を見《み》ました。すると、小切手《こぎって》には50万《まん》ドルの金額《きんがく》と、ジョン・デイヴィソン・ロックフェラーの名前《なまえ》が書《か》いてありました。ロックフェラーは、世界《せかい》でも有名《ゆうめい》なお金持《かねも》ちです。彼《かれ》は心《こころ》の中《なか》で叫《さけ》びました。「*一瞬《いっしゅん》でお金《かね》の悩《なや》みがなくなった！」

しかし彼《かれ》はその小切手《こぎって》を使《つか》わないで、金庫《きんこ》の中《なか》に置《お》いておくことにしました。なぜなら、小切手《こぎって》があると思《おも》うだけで、会社《かいしゃ》を守《まも》る力《ちから》が出《で》てくると思《おも》えたからです。

彼《かれ》は新《あたら》しい気持《きも》ちで、もう一度《いちど》一生懸命《いっしょうけんめい》働《はたら》き始《はじ》めました。お金《かね》を借《か》りている人《ひと》たちに、お金《かね》を返《かえ》すのを待《ま》ってくれるように頼《たの》みましたし、どんな仕事《しごと》でも積極的《せっきょくてき》にやりました。そして、数《すう》カ月《げつ》で借《か》りたお金《かね》を全部《ぜんぶ》返《かえ》して、もう一《いち》

＊一瞬で（いっしゅんで）：in an instant / 一瞬间 / trong khoảnh khắc / em um instante

度《ど》お金《かね》を*稼《かせ》ぎ始《はじ》めました。

ちょうど1年後《ねんご》、彼《かれ》は小切手《こぎって》を持《も》ってあの公園《こうえん》へ行《い》きました。約束《やくそく》した通《とお》り、老人《ろうじん》が現《あらわ》れました。ところが、彼《かれ》が小切手《こぎって》を老人《ろうじん》に返《かえ》して、成功《せいこう》した話《はなし》をしようとした時《とき》、看《かん》護師《ごし》が走《はし》ってきて、老人《ろうじん》を捕《つか》まえてしまいました。

「よかった！　やっと捕《つか》まえた！！」看護師《かんごし》が叫《さけ》びました。

「あなたに変《へん》なことをしていなければいいですが……。このおじいさんはいつも*施設《しせつ》から*逃《に》げ出《だ》して、会《あ》う人《ひと》みんなに『自分《じぶん》はロックフェラーだ』って言《い》うんですよ」

彼《かれ》はとてもびっくりして、何《なに》も言葉《ことば》が出《で》てきませんでした。彼《かれ》は1年間《ねんかん》、自分《じぶん》の金庫《きんこ》には50万《まん》ドルあると信《しん》じて働《はたら》いてきたのに、そんなお金《かね》はなかったのです。

しかし、その時《とき》彼《かれ》は、自分《じぶん》がもう一度《いちど》成功《せいこう》したのは小切《こぎっ》手《て》のおかげではなかったということに*気《き》が付《つ》きました。それは、自分《じぶん》の中《なか》の自信《じしん》のおかげだったのです。

■970文字■

---

*稼ぐ（かせぐ）：to earn / 赚钱 / kiếm (tiền) / ganhar dinheiro

*施設（しせつ）：nursing home / 养老院 / viện (điều dưỡng) / asilo

*逃げ出す（にげだす）：to run away / 逃走 / trốn ra / fugir

*気が付く（きがつく）：to notice / 意识到 / nhận ra / perceber

木《き》の器《うつわ》

息子夫婦《むすこふうふ》の家《いえ》に引《ひ》っ越《こ》してきたおじいさん。おじいさんは力《ちから》が弱《よわ》くて目《め》が悪《わる》いので、よく料理《りょうり》をこぼしてしまいます。息子夫婦《むすこふうふ》は、そんなおじいさんの失敗《しっぱい》が許《ゆる》せません。彼《かれ》らはおじいさんにひどいことをしますが、それを見《み》ていた孫《まご》は……。

愛《あい》する妻《つま》を*亡《な》くしたおじいさんがいました。おばあさんが亡《な》くなって、おじいさんは息子《むすこ》のジェームスとその妻《つま》のイザベラの家《いえ》に引《ひ》っ越《こ》すことになりました。息子夫婦《むすこふうふ》の家《いえ》には、もうすぐ小学生《しょうがくせい》になる孫《まご》のトニーも住《す》んでいました。

息子夫婦《むすこふうふ》は、おじいさんのことをあまり良《よ》く思《おも》っていませんでした。なぜなら、おじいさんは力《ちから》が弱《よわ》くて目《め》が悪《わる》いので、食事《しょくじ》の時《とき》によく料理《りょうり》をこぼしてしまうからです。おじいさんが料理《りょうり》をこぼすと、彼《かれ》らはいつも大《おお》きな*ため息《いき》をつきました。おじいさんはそれを聞《き》くたびに、悲《かな》しい気持《きも》ちになりました。

ある日《ひ》のことです。おじいさんは、牛乳《ぎゅうにゅう》の入《はい》ったグラスを倒《たお》して、洗《あら》ったばかりの*テーブルクロスを汚《よご》してしまいました。

---

*亡くす（なくす）：lose / 去世 / mất đi / perder
*ため息をつく（ためいきをつく）：sigh / 叹气 / thở dài / suspirar
*テーブルクロス：tablecloth / 桌布 / khăn trải bàn / toalha de mesa

「もう我慢《がまん》できない！　どうして毎日毎日《まいにちまいにち》そんなに料《りょう》理《り》をこぼすの！　テーブルクロスがいくつあっても足《た》りないじゃない！」

イザベラが大《おお》きい声《こえ》で言《い》いました。そして次《つぎ》の日《ひ》から、おじいさんは家族《かぞく》と別《べつ》の小《ちい》さなテーブルで、一人《ひとり》でご飯《はん》を食《た》べさせられました。しかも、おじいさんのテーブルには、テーブルクロスの代《か》わりに新聞紙《しんぶんし》が敷《し》かれていました。

　その数日後《すうじつご》。

「ガシャンッ！」

お皿《さら》が割《わ》れる、嫌《いや》な音《おと》がしました。おじいさんが、スープのお皿《さら》を床《ゆか》に落《お》としてしまったのです。イザベラは怒《おこ》って、また大《おお》きい声《こえ》で言《い》いました。

「明日《あした》からは、割《わ》れない食器《しょっき》に変《か》えますから！」

次《つぎ》の日《ひ》から、おじいさんは木《き》の食器《しょっき》を使《つか》うことになりました。家族《かぞく》が楽《たの》しそうに話《はな》しながら食事《しょくじ》をする部屋《へや》の隅《すみ》で、おじいさんは一人《ひとり》で寂《さび》しく、ざらざらした木《き》の食器《しょっき》で食《しょく》事《じ》をしました。孫《まご》のトニーは、そんなおじいさんの様子《ようす》をじっと見《み》ていました。

それからしばらくたったある日《ひ》、夕食前《ゆうしょくまえ》にトニーが熱心《ねっしん》に木《き》で何《なに》かを作《つく》っていました。

「トニー、何《なに》をしてるんだ？」とジェームスが尋《たず》ねました。

「お父《とう》さんとお母《かあ》さんのために、食器《しょっき》を作《つく》ってるんだよ」とトニーが答《こた》えました。

「お父《とう》さんとお母《かあ》さんの食器《しょっき》？」

「そうだよ。だって、お父《とう》さんとお母《かあ》さんが年《とし》を取《と》って料《りょう》理《り》をこぼしたら、使《つか》わなきゃならないから。あ、それに新《しん》聞紙《ぶんし》も必要《ひつよう》だね」

トニーの言葉《ことば》に、ジェームスとイザベラは何《なに》も言《い》えませんでした。

二人《ふたり》は、自分《じぶん》たちがどんなにひどいことをしていたか、*ようやく分《わ》かりました。その日《ひ》から、おじいさんはまた家《か》族《ぞく》と一緒《いっしょ》に食事《しょくじ》をするようになりました。そして、おじいさんが料理《りょうり》をこぼしても、誰《だれ》も何《なに》も言《い》わなくなりました。

■980文字■

＊ようやく：eventually / 终于 / cuối cùng / finalmente

フォークはそのままで

ある若《わか》い女性《じょせい》が重《おも》い病気《びょうき》にかかり、人生《じんせい》を終《お》えようとしている。彼女《かのじょ》は死《し》ぬ前《まえ》に、「私《わたし》が死《し》んだら、右手《みぎて》にフォークを持《も》たせてほしい」と牧師《ぼくし》にお願《ねが》いをした。彼女《かのじょ》がお願《ねが》いしたフォークの意味《いみ》とは……？

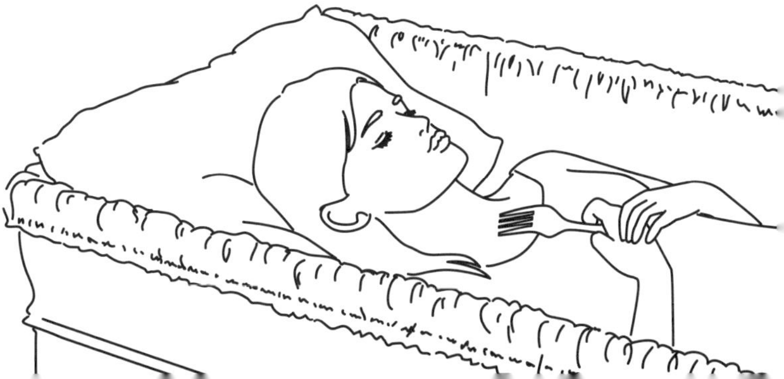

医者《いしゃ》から「あと３カ月《げつ》の命《いのち》です」と言《い》われた若《わか》い女性《じょせい》がいた。人生《じんせい》の終《お》わりを知《し》って、彼女《かのじょ》は自分《じぶん》の持《も》ち物《もの》を整理《せいり》することにした。そして、*遺言《ゆいごん》について相談《そうだん》するために、*牧師《ぼくし》に家《いえ》に来《き》てもらった。

彼女《かのじょ》は、自分《じぶん》の葬式《そうしき》で歌《うた》ってほしい歌《うた》や、読《よ》んでほしい*聖書《せいしょ》の文《ぶん》や、一緒《いっしょ》に*埋葬《まいそう》してほしい服《ふく》を牧師《ぼくし》に伝《つた》えた。こうした相談《そうだん》が終《お》わって牧師《ぼくし》が帰《かえ》ろうとした時《とき》、彼女《かのじょ》は最《さい》後《ご》の、そして一番大切《いちばんたいせつ》なことを牧師《ぼくし》に頼《たの》んだ。

「お願《ねが》いしたいことが、もう一《ひと》つあります」と彼女《かのじょ》は静《しず》かに言《い》った。

「何《なん》ですか？」と牧師《ぼくし》が答《こた》えた。

「これはとても大切《たいせつ》なことなのですが、私《わたし》を埋葬《まいそう》するとき、右手《みぎて》にフォークを持《も》たせてほしいのです」

牧師《ぼくし》は何《なん》と言《い》ったらいいか分《わ》からずに、立《た》ったままじっと彼女《かのじょ》の顔《かお》を見《み》た。

---

*遺言（ゆいごん）：last will and testament / 遗嘱 / di chúc / testamento
*牧師（ぼくし）：pastor / 牧师 / mục sư / pastor
*聖書（せいしょ）：the Bible / 圣经 / Kinh Thánh / Bíblia
*埋葬する（まいそうする）：bury / 埋葬 / chôn / enterrar

「変《へん》なお願《ねが》いをして、すみません」と彼女《かのじょ》は言《い》った。

「あなたのお願《ねが》いの意味《いみ》が、ちょっとよく分《わ》かりません」と牧師《ぼくし》は答《こた》えた。

彼女《かのじょ》は説明《せつめい》を始《はじ》めた。

「私《わたし》の祖母《そぼ》が昔《むかし》、あるお話《はなし》をしてくれました。私《わたし》はそれをずっと覚《おぼ》えていて、愛《あい》する人《ひと》や悩《なや》んでいる人《ひと》によくその話《はなし》をするんです」

牧師《ぼくし》は黙《だま》って彼女《かのじょ》の話《はなし》を聞《き》いていた。

「それは、こんな話《はなし》です。パーティーやディナーで、ウェイターが最後《さいご》の料理《りょうり》の*お皿《さら》を下《さ》げるとき、『フォークはそのままで』と言《い》ってくれることがあるでしょう。祖母《そぼ》はその言葉《ことば》が大好《だいす》きだったんです。なぜなら、次《つぎ》にもっとおいしいデザートが運《はこ》ばれてくるってことだから。それはとっても甘《あま》いチョコレートケーキだったり、よく焼《や》けた*アップルパイだったり。フォークを持《も》ったまま、デザート

---

*お皿を下げる（おさらをさげる）：clear plates / 撤下盘子 / dọn chén dĩa / recolher os pratos
*アップルパイ：apple pie / 苹果派 / bánh táo / torta de maçã

を待《ま》つのがとても楽《たの》しみだったって」

そして、彼女《かのじょ》は続《つづ》けた。

「だから、私《わたし》が*ひつぎの中《なか》で手《て》にフォークを持《も》っているのを、みんなに見《み》てほしいんです。そして、みんなに考《かんが》えてほしい。どうして彼女《かのじょ》はフォークを持《も》っているのか？って。牧師様《ぼくしさま》、その時《とき》みんなに私《わたし》の祖母《そぼ》の話《はなし》をしてください。そして『彼女《かのじょ》はこれから来《く》るハッピーなことを待《ま》っているんです』って言《い》ってください」

彼女《かのじょ》の最後《さいご》の頼《たの》みを聞《き》いて、牧師《ぼくし》は彼女《かのじょ》の家《いえ》を出《で》た。牧《ぼく》師《し》の目《め》は涙《なみだ》でいっぱいだった。

葬式《そうしき》の日《ひ》。*参列者《さんれつしゃ》はひつぎの中《なか》で眠《ねむ》っている彼女《かのじょ》を見《み》た。彼女《かのじょ》のそばには彼女《かのじょ》の好《す》きな洋服《ようふく》が置《お》いてあった。そして、彼女《かのじょ》の右手《みぎて》にはフォークが握《にぎ》られていた。多《おお》くの参列《さんれつ》者《しゃ》が「どうしてフォークが？」と不思議《ふしぎ》そうに話《はな》していた。

＊ひつぎ：coffin / 棺材 / quan tài / caixão

＊参列者（さんれつしゃ）：attendees / 参加者 / người đi viếng / participante

牧師《ぼくし》は葬式《そうしき》の*説教《せっきょう》の中《なか》で、彼女《かのじょ》のフォークについて話《はな》した。そして、最後《さいご》に言《い》った。

「次《つぎ》にフォークを見《み》たときに、あなたも思《おも》い出《だ》してください。最高《さいこう》にハッピーなことは、これから訪《おとず》れるということを」

■1,043文字■

＊説教（せっきょう）：sermon / 教诲 / bài giảng / sermão

体《からだ》で一番大切《いちばんたいせつ》な所《ところ》

母《はは》は、私《わたし》が小《ちい》さい時《とき》から何回《なんかい》も同《おな》じ質問《しつもん》をしました。「体《からだ》の中《なか》で一番大切《いちばんたいせつ》な所《ところ》は、どこだと思《おも》う？」と。そして、私《わたし》の答《こた》えはいつも間違《まちが》っていました。母《はは》は「ざんねーん」と言《い》って、答《こた》えを教《おし》えてくれませんでした。でも、祖父《そふ》が死《し》んだ時《とき》、答《こた》えを教《おし》えてくれました。

祖父《そふ》が亡《な》くなりました。お葬式《そうしき》の日《ひ》は、父《ちち》も母《はは》も、家族《かぞく》全員《ぜんいん》が祖父《そふ》の死《し》を悲《かな》しんで、泣《な》いていました。私《わたし》は父《ちち》が泣《な》くのを初《はじ》めて見《み》ました。

もうすぐ、祖父《そふ》に最後《さいご》のお別《わか》れを言《い》わなければならない時《とき》、母《はは》が私《わたし》に聞《き》きました。

「ねえ、体《からだ》の中《なか》で一番大切《いちばんたいせつ》な所《ところ》は、どこだと思《おも》う？」

私《わたし》は「どうして今《いま》、その質問《しつもん》をするの？」と思《おも》いました。

母《はは》は私《わたし》が小《ちい》さい時《とき》から、何回《なんかい》も私《わたし》にその質問《しつもん》をしました。最初《さいしょ》にその質問《しつもん》をしたのは、私《わたし》が幼稚園《ようちえん》に通《かよ》っていた時《とき》でした。

「体《からだ》の中《なか》で一番大切《いちばんたいせつ》な所《ところ》は、どこだと思《おも》う？」

「うーん、耳《みみ》かな」

その時《とき》、私《わたし》は音楽《おんがく》を聴《き》くのが大好《だいす》きだったので、そう答《こた》

えました。

「ざんねーん。耳《みみ》じゃありませーん。世《よ》の中《なか》には耳《みみ》が聞《き》こえない人《ひと》もたくさんいるでしょう？　耳《みみ》が聞《き》こえなくても豊《ゆた》かな人生《じんせい》を送《おく》ることができるわよね。もうちょっと考《かんが》えてみて。そのうち、また同《おな》じ質問《しつもん》をするから」と言《い》って、母《はは》は答《こた》えを教《おし》えてくれませんでした。

　次《つぎ》に覚《おぼ》えているのは、私《わたし》が小学生《しょうがくせい》の時《とき》でした。私《わたし》は、母《はは》の質問《しつもん》の答《こた》えがずっと気《き》になっていました。

「体《からだ》の中《なか》で一番大切《いちばんたいせつ》な所《ところ》は、どこだと思《おも》う？」

「目《め》。誰《だれ》でも見《み》えることはとても大事《だいじ》だから、絶対《ぜったい》に目《め》よ」

　私《わたし》は、自信《じしん》を持《も》って答《こた》えました。

「ざんねーん。目《め》ではありませーん。世《よ》の中《なか》には目《め》が見《み》えない人《ひと》もたくさんいるでしょう？　目《め》が見《み》えなくても豊《ゆた》かな生活《せいかつ》を送《おく》ることができるわよね。もうちょっと考《かんが》えてみて。そのうち、また同《おな》じ質問《しつもん》をするからね」

また、母《はは》は答《こた》えを教《おし》えてくれませんでした。

その後《ご》、私《わたし》が中学生《ちゅうがくせい》になってからも、高校生《こうこうせい》になってからも、母《はは》は同《おな》じ質問《しつもん》をしました。しかし、私《わたし》の答《こた》えに対《たい》して、母《はは》は「ざんねーん。違《ちが》いまーす。でも、だんだんいい答《こた》えになってる。あなたも成長《せいちょう》しているのね。もうちょっと考《かんが》えてみて」と言《い》って、答《こた》えを教《おし》えてくれませんでした。

そして、祖父《そふ》のお葬式《そうしき》の日《ひ》に、母《はは》はまた同《おな》じ質問《しつもん》をしたのです。

「ねえ、体《からだ》の中《なか》で一番大切《いちばんたいせつ》な所《ところ》は、どこだと思《おも》う？」

私《わたし》は「どうして今《いま》、その質問《しつもん》をするの？」と、ちょっと*むっとしました。母《はは》がいつも同《おな》じ質問《しつもん》をして、私《わたし》が答《こた》え

＊むっとする：be annoyed / 烦躁 / bực bội / irritar-se

て、そして母《はは》が「ざんねーん」と、*ふざけた言《い》い方《かた》をするので、母《はは》は真面目《まじめ》に聞《き》いているわけではないと思《おも》っていたからです。でも、今日《きょう》はそうではありませんでした。

母《はは》が言《い》いました。

「今日《きょう》は答《こた》えを教《おし》えてあげる」

母《はは》は*ほほ笑《え》みましたが、目《め》は涙《なみだ》でいっぱいでした。

「体《からだ》の中《なか》で一番大切《いちばんたいせつ》な所《ところ》は、肩《かた》よ」

「どうして？」

「それはね。愛《あい》する人《ひと》のために泣《な》きたいとき、肩《かた》は、*頭《あたま》を預《あず》けるのにちょうどいい場所《ばしょ》だからよ」

やっと母《はは》が答《こた》えを教《おし》えてくれました。どうして祖父《そふ》のお葬式《そうしき》の日《ひ》にその質問《しつもん》をしたのかも、分《わ》かりました。今日《きょう》、母《はは》は、私《わたし》の肩《かた》に頭《あたま》を預《あず》けてずっと泣《な》いているのですから。

■1,160文字■

＊ふざける：mess around / 开玩笑 / chọc tức / brincar

＊ほほ笑む（ほほえむ）：smile / 微笑 / mỉm cười / sorrir

＊(肩に)頭を預ける（かたにあたまをあずける）：rest a head (on someone's shoulder) / 把头靠在(肩膀)上 / giụi đầu (vào vai) / apoiar a cabeça (no ombro)

バンドエイドの誕生《たんじょう》

皆《みな》さんは、バンドエイドを知《し》っていますか。けがをしたときに貼《は》る、あれです。今《いま》ではどこの家《いえ》にでもあるバンドエイドは、ある男性《だんせい》の、妻《つま》への優《やさ》しさから生《う》まれました。さて、バンドエイドはどうやって生《う》まれたのでしょう。

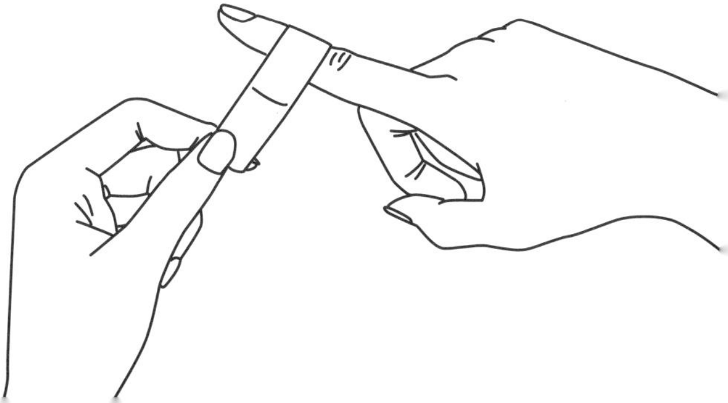

1920年《ねん》、アール・ディクソンは、アメリカのニュージャージー州《しゅう》にあるジョンソン・エンド・ジョンソン（Johnson & Johnson）という会社《かいしゃ》で働《はたら》いていました。ディクソンは数年前《すうねんまえ》に結婚《けっこん》して、二人《ふたり》の小《ちい》さい子《こ》どもがいました。彼《かれ》の妻《つま》は毎日家《まいにちいえ》の掃除《そうじ》をして、おいしい晩《ばん》ご飯《はん》を作《つく》りました。ディクソンは、妻《つま》にとても感謝《かんしゃ》していましたが、一《ひと》つ心配《しんぱい》なことがありました。それは、妻《つま》が掃除《そうじ》や料《りょう》理《り》をするときに、よくやけどをしたり、けがをしたりすることです。

ある日《ひ》、妻《つま》のけがを心配《しんぱい》したディクソンは、いいことを考《かんが》えました。彼《かれ》は、*医療用《いりょうよう》テープを取《と》り出《だ》して、それを伸《の》ばしました。そして、小《ちい》さく切《き》った*ガーゼをその上《うえ》に並《なら》べていって、最後《さいご》に全体《ぜんたい》を*布《ぬの》で覆《おお》いました。けがをしたときに、ガーゼの付《つ》いているテープを切《き》って布《ぬの》を取《と》れば、すぐに使《つか》うことができます。これがバンドエイドのアイデア

＊医療用（いりょうよう）テープ：medical tape / 医用胶带 / băng y tế / adesivo para uso médico
＊ガーゼ：gauze / 纱布 / miếng gạc / gaze
＊布で覆う（ぬのでおおう）：to cover with fabric / 用布盖上 / bọc lại bằng vải / cobrir com pano

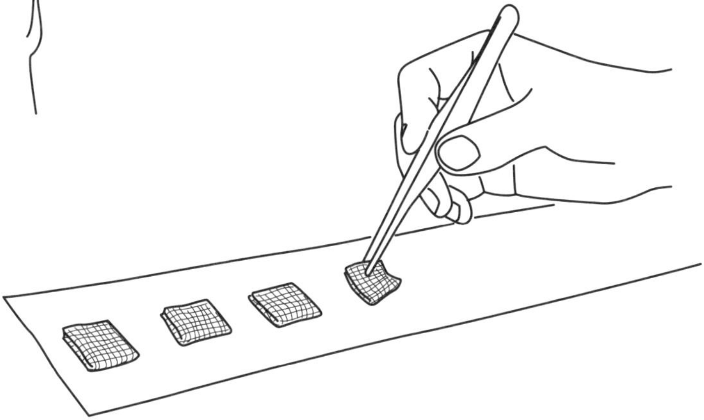

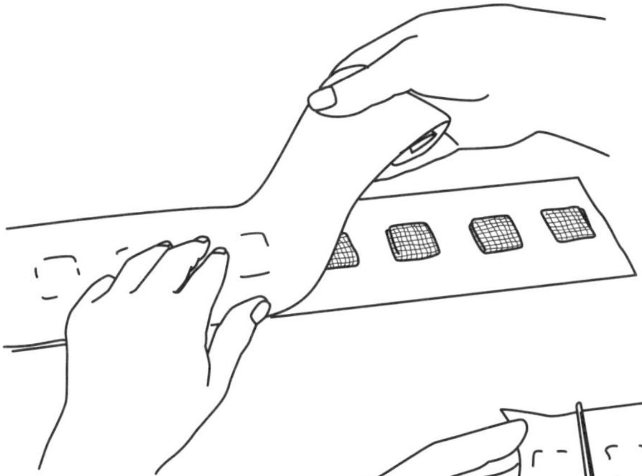

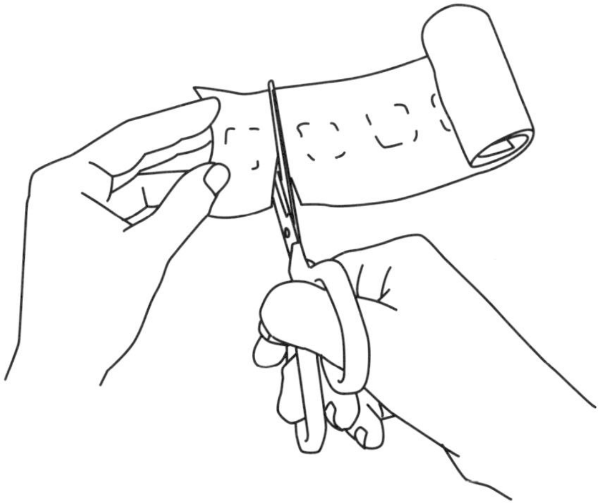

になりました。

ディクソンがこのアイデアを会社《かいしゃ》の仲間《なかま》に話《はな》すと、仲間《なかま》の一人《ひとり》が上司《じょうし》に話《はな》した方《ほう》がいいとアドバイスしてくれました。そこで、ディクソンはこのアイデアをジェームズ・ジョンソン社長《しゃちょう》に話《はな》しました。社長《しゃちょう》はとても素晴《すば》らしいアイデアだと言《い》って、すぐに商品《しょうひん》にしました。そして、この商品《しょうひん》はバンドエイド（Band-aid）という名前になりました。最初《さいしょ》のバンドエイドは全部《ぜんぶ》手作《てづく》りでした。サイズは、幅《はば》が約《やく》6.4cm、長《なが》さが約《やく》45.7 cmでした。いいアイデアでしたが、最初《さいしょ》のバンドエイドは、あまり売《う》れませんでした。

しかし数年後《すうねんご》、ジョンソン・エンド・ジョンソンは、バンドエイドのサイズを小《ちい》さくして、幅《はば》を約《やく》1.9 cm、長《なが》さを約《やく》7.6 cmにしました。さらに、バンドエイドの包《つつ》み紙《がみ》を開《あ》けるために、赤《あか》い糸《いと》を付《つ》けました。すると、急《きゅう》に*売《う》り上《あ》

＊売り上げ（うりあげ）：sales / 销售额 / doanh thu / venda

＊完全滅菌（かんぜんめっきん）：complete sterilization / 完全杀菌 / khử trùng hoàn toàn / esterilização completa

＊透明な（とうめいな）：transparent / 透明的 / trong suốt / transparente

げが上《あ》がりました。

その後《ご》、他《ほか》のサイズのものを作《つく》ったり、テープに穴《あな》を開《あ》けて空気《くうき》が入《はい》るようにしたりしました。1939年《ねん》には、*完《かん》全滅菌《ぜんめっきん》になり、1951年《ねん》にはマンガのキャラクターが描《か》いてあるもの、1958年《ねん》には、*透明《とうめい》なテープを使《つか》ったものが発《はつ》売《ばい》されました。

バンドエイドが有名《ゆうめい》になった一番大《いちばんおお》きな出来事《できごと》は、*第二《だいに》次世界大戦《じせかいたいせん》のとき、*軍隊《ぐんたい》にバンドエイドを無料《むりょう》で大量《たいりょう》に配《くば》ったことでした。バンドエイドはジョンソン・エンド・ジョンソンの商品《しょうひん》だけの名前《なまえ》です。しかし、バンドエイドの名前《なまえ》がとても有名《ゆうめい》になったので、他《ほか》の会社《かいしゃ》の似《に》ている商《しょう》品《ひん》もバンドエイドと呼《よ》ばれるようになりました。

ジョンソン・エンド・ジョンソンでは、これまでに1,000億枚以上《おくまいいじょう》のバンドエイドを作《つく》りました。ディクソンはバン

＊第二次世界大戦（だいにじせかいたいせん）：World War II / 第二次世界大战 / chiến tranh thế giới thứ II / Segunda Guerra Mundial

＊軍隊（ぐんたい）：army / 军队 / quân đội / exército

ドエイドのアイデアを会社《かいしゃ》に*譲《ゆず》りましたが、会社《かいしゃ》からお金《かね》をもらいませんでした。しかし、彼《かれ》はすぐに*出世《しゅっせ》して、副《ふく》社長《しゃちょう》にまでなりました。

ディクソンの奥《おく》さんは、いつけがをしても大丈夫《だいじょうぶ》なように、いろいろな種類《しゅるい》のバンドエイドを家《いえ》に置《お》いています。それは、アメリカのどの家庭《かてい》でも同《おな》じです。ディクソンの妻《つま》への優《やさ》しさが、アメリカ中《じゅう》の家庭《かてい》にバンドエイドを届《とど》けたのでした。

■1,172文字■

＊譲る（ゆずる）：to hand over / 转让 / nhượng lại / ceder
＊出世する（しゅっせする）：to get promoted / 晋升 / thăng tiến / ser bem-sucedido

科学《かがく》と美術《びじゅつ》の交差点《こうさてん》

科学者《かがくしゃ》のヘンリー・デフィリップスは美術《びじゅつ》には全《まった》く興味《きょうみ》がなかった。ところが、ある時《とき》から、美術《びじゅつ》に夢中《むちゅう》になった。どうして、彼《かれ》は急《きゅう》に美術《びじゅつ》が好《す》きになったのだろうか。科学《かがく》と美術《びじゅつ》には意外《いがい》な関係《かんけい》があった……。

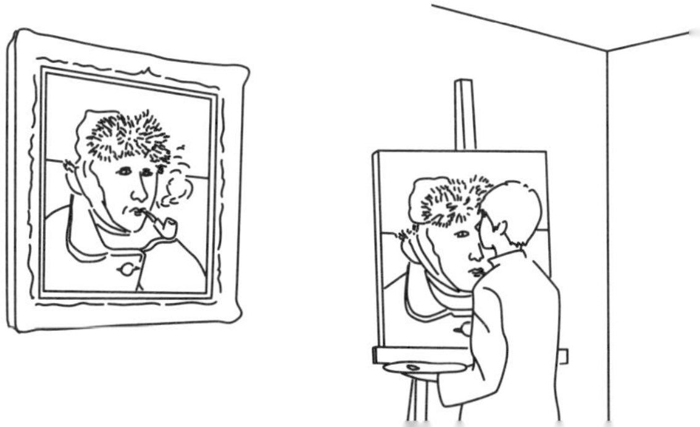

アメリカの*科学者《かがくしゃ》、ヘンリー・デフィリップスは、*美《び》術《じゅつ》が専門《せんもん》の妻《つま》と新婚旅行《しんこんりょこう》でフランスとイタリアに行《い》った。妻《つま》はデフィリップスをたくさんの美術館《びじゅつかん》に連《つ》れて行《い》ったが、美術館《びじゅつかん》は彼《かれ》にとって非常《ひじょう》に退屈《たいくつ》な場所《ばしょ》だった。ところが、そんな彼《かれ》がある時《とき》から美術《びじゅつ》に強《つよ》い興味《きょうみ》を持《も》つようになった。

1980年代《ねんだい》に、デフィリップスは、「この絵《え》の絵《え》の具《ぐ》の*化学成分《かがくせいぶん》を調《しら》べてほしい」と友人《ゆうじん》に頼《たの》まれた。驚《おどろ》いたことに、それはファン・ゴッホの絵《え》だった。その絵《え》は、コネチカット州《しゅう》のワーズワース・アセニウム美術館《びじゅつかん》のもので、友人《ゆうじん》はその美術館《びじゅつかん》の保存管理《ほぞんかんり》の責任者《せきにんしゃ》だった。その絵《え》が偽物《にせもの》だと言《い》う人《ひと》がいるので、偽物《にせもの》かどうかを調《しら》べなくてはならなかったのだ。

＊科学者（かがくしゃ）：scientist / 科学家 / nhà khoa học / cientista

＊美術（びじゅつ）：fine arts / 美术 / mỹ thuật / arte

＊化学成分（かがくせいぶん）：chemical composition / 化学成分 / thành phần hóa học / composição química

デフィリップスは、その絵《え》の絵《え》の具《ぐ》の*粉《こな》を受《う》け取《と》った。その量《りょう》は非常《ひじょう》に少《すく》なかった。300万《まん》ドルもする作品《さくひん》なので、絵《え》の具《ぐ》はできるだけ少《すく》なく*削《けず》らなければならないのだ。検査《けんさ》の結果《けっか》、絵《え》の具《ぐ》はファン・ゴッホが使《つか》ったものと同《おな》じ種類《しゅるい》だった。友人《ゆうじん》はその結果《けっか》に満足《まんぞく》した。

デフィリップスは、それまでの25年間《ねんかん》、イカなどの生《い》き物《もの》の*タンパク質《しつ》を研究《けんきゅう》してきた。しかし、ゴッホの絵《え》の具《ぐ》を調《しら》べてから、彼《かれ》は、科学知識《かがくちしき》が美術《びじゅつ》に役立《やくだ》つことを知《し》って、美術《びじゅつ》と関《かか》わることが面白《おもしろ》くなった。それからは、絵《え》の*修復《しゅうふく》を助《たす》けることが、彼《かれ》の仕事《しごと》の中心《ちゅうしん》になった。使《し》用《よう》されている絵《え》の具《ぐ》の化学成分《かがくせいぶん》が分《わ》かれば、絵《え》を適当《てきとう》な方《ほう》法《ほう》で修復《しゅうふく》することができるからである。

デフィリップスは、絵《え》が本物《ほんもの》か偽物《にせもの》かを判断《はんだん》することを

---

*粉（こな）：powder / 粉末 / bột / pó

*削る（けずる）：scrape / 削 / cắt bớt / raspar

*タンパク質（しつ）：proteins / 蛋白质 / chất đạm / proteína

*修復する（しゅうふくする）：restore / 修复 / phục chế / restaurar

助《たす》ける仕事《しごと》もしている。アセニウム美術館《びじゅつかん》がフランスの画《が》家《か》、ジェームズ・ティソの絵《え》を買《か》おうとした時《とき》のことである。美術館《びじゅつかん》から頼《たの》まれて、彼《かれ》がその絵《え》の絵《え》の具《ぐ》の化学成分《かがくせいぶん》を調《しら》べると、非常《ひじょう》に少《すく》ない量《りょう》の*二酸化《にさんか》チタンが入《はい》っていた。そこで、彼《かれ》は美術館《びじゅつかん》にその絵《え》を買《か》うのをやめさせた。1920年代《ねんだい》まで、絵《え》の具《ぐ》にチタンは使《つか》われていなかった。そして、ティソが死《し》んだのは1902年《ねん》だったのである。

偽物《にせもの》の絵《え》に関《かん》する仕事《しごと》は年間《ねんかん》60億《おく》ドルのビジネスで、偽《にせ》物《もの》の絵《え》を描《か》く画家《がか》は非常《ひじょう》に高《たか》い技術《ぎじゅつ》を持《も》っている。美術《びじゅつ》館《かん》の全《すべ》ての絵《え》の約《やく》25％が偽物《にせもの》であり、個人《こじん》が持《も》っている絵《え》の約《やく》40％が偽物《にせもの》である、とも言《い》われている。

デフィリップスは、コネチカット州《しゅう》のトリニティ・カレッジで40年以上《ねんいじょう》、*化学《かがく》を教《おし》えたが、後半《こうはん》の20年間《ねんかん》は、主《おも》に

＊二酸化（にさんか）チタン：titanium dioxide / 二氧化钛 / titanium dioxide / dióxido de titânio
＊化学（かがく）：chemistry / 化学 / hóa học / química

絵《え》の保存技術《ほぞんぎじゅつ》を教《おし》えた。その授業《じゅぎょう》、「科学《かがく》と美術《びじゅつ》」は、いつも長《なが》い順番《じゅんばん》待《ま》ちのリストができるほど人気《にんき》があった。

デフィリップスは退職《たいしょく》した今《いま》も、化学専門《かがくせんもん》の学生《がくせい》に絵《え》の保存技術《ほぞんぎじゅつ》を教《おし》えている。学生《がくせい》たちはまず、自分《じぶん》で混《ま》ぜた絵《え》の具《ぐ》を使《つか》って、検査《けんさ》の方法《ほうほう》を学《まな》ぶ。次《つぎ》に、*すでに化学成分《かがくせいぶん》が分《わ》かっている、古《ふる》い絵《え》の具《ぐ》を検査《けんさ》する。その後《ご》初《はじ》めて、化学成分《かがくせいぶん》が分《わ》からない絵《え》の具《ぐ》について調《しら》べるのである。使《つか》われている絵《え》の具《ぐ》について知《し》ることが、絵《え》の修復《しゅうふく》の基本《きほん》だからだ。

デフィリップスの仕事《しごと》は「科学《かがく》と美術《びじゅつ》の交差点《こうさてん》」で行《おこな》われている。「この仕事《しごと》は私《わたし》の人生《じんせい》を変《か》えましたが、実《じつ》は妻《つま》の人生《じんせい》も変《か》えたんですよ」と、彼《かれ》は語《かた》る。「今《いま》では私《わたし》の方《ほう》が、妻《つま》を美術館《びじゅつかん》に連《つ》れて行《い》くのですから」

■1,235文字■

---

*すでに：already / 已经 / đã ~ rồi / já

フリオの2度《ど》目《め》の情熱《じょうねつ》

大学生《だいがくせい》のフリオはサッカー選手《せんしゅ》を目指《めざ》していましたが、交通事故《こうつうじこ》で大《おお》けがをして、夢《ゆめ》を諦《あきら》めなければなりませんでした。しかし、そんな中《なか》、フリオはギターと出会《であ》います。そして、フリオは……。

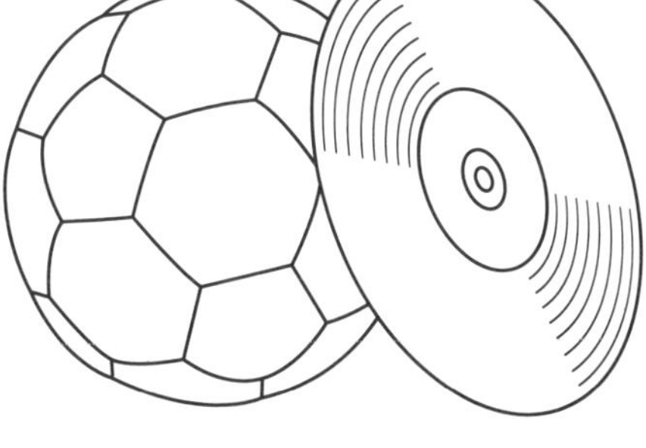

スペインのマドリードの少年《しょうねん》、フリオが初《はじ》めて好《す》きになった少女《しょうじょ》の名前《なまえ》はマリアでした。フリオは「アベ・マリア（Ave Maria）」が歌《うた》いたくて、教会《きょうかい》の*聖歌隊《せいかたい》に入《はい》ろうとしました。しかし、教会《きょうかい》の*司祭《しさい》は、彼《かれ》の歌《うた》を聞《き》くと、「君《きみ》は歌《うた》うよりサッカーをした方《ほう》がいいよ」と言《い》って、フリオを聖歌隊《せいかたい》に入《い》れませんでした。

フリオは子《こ》どもの頃《ころ》からサッカーが好《す》きだったので、その後《ご》は、ますますサッカーに熱中《ねっちゅう》しました。彼《かれ》はいつも人々《ひとびと》の中心《ちゅうしん》にいるのが好《す》きでした。そこで、サッカーでもゴールキーパーを選《えら》びました。

学校《がっこう》のサッカーチームでは、フリオは、*自称《じしょう》「学校《がっこう》の歴史《れきし》の中《なか》で一番《いちばん》のゴールキーパー」でした。大学《だいがく》でも法律《ほうりつ》を学《まな》びながら、サッカーを続《つづ》けました。そして、世界《せかい》で最《もっと》も有名《ゆうめい》なサッカーチームの一《ひと》つであるレアル・マドリード

---

*聖歌隊（せいかたい）：choir / 圣歌队 / đoàn hát thánh ca / coral

*司祭（しさい）：priest / 祭司 / linh mục / padre

*自称（じしょう）：self-proclaimed / 自称 / tự xưng / autodenominado

の青年《せいねん》チームに入《はい》ることができたのです。

フリオは、プロのサッカー選手《せんしゅ》として、将来《しょうらい》が期待《きたい》されるようになりました。しかし、そんな時突然《ときとつぜん》、彼《かれ》のサッカー人生《じんせい》は終《お》わってしまいました。20歳《はたち》の誕生日《たんじょうび》の前《まえ》の夜《よる》、交通事故《こうつうじこ》で大《おお》けがをしたのです。この事故《じこ》で背骨《せぼね》の神《しん》経《けい》が傷《きず》つき、フリオは胸《むね》から下《した》の感覚《かんかく》がなくなってしまいました。その状態《じょうたい》から回復《かいふく》して、再《ふたた》び歩《ある》けるようになるまでに２年《ねん》かかりました。

フリオにとっては最《もっと》も不幸《ふこう》な日々《ひび》でした。しかし、看護《かんご》師《し》からもらった１本《ぽん》のギターがフリオを*救《すく》いました。看護《かんご》師《し》は、ギターの練習《れんしゅう》をすると指《ゆび》に力《ちから》が付《つ》くと考《かんが》えたのです。ギターを弾《ひ》きながら、フリオは短《みじか》い曲《きょく》や歌詞《かし》を書《か》き始《はじ》めました。初《はじ》めのうち、フリオの観客《かんきゃく》は父親《ちちおや》と母親《ははおや》だけ

＊救う（すくう）：save / 拯救 / cứu / salvar

でした。フリオは二人《ふたり》に、「僕《ぼく》はいつか、大《おお》きな*音楽祭《おんがくさい》で歌《うた》うよ」と言《い》っていました。

1968年《ねん》、25歳《さい》のフリオは、実際《じっさい》にスペインのベニドルム音楽祭《おんがくさい》で優勝《ゆうしょう》しました。そして、その時《とき》の歌《うた》、自分《じぶん》で作詞作曲《さくしさっきょく》した「人生《じんせい》は同《おな》じように続《つづ》く（La Vida Sigue Igual）」で、プロの歌手《かしゅ》としてデビューしました。フリオのデビュー曲《きょく》はスペインの*音楽《おんがく》チャートで1位《い》になり、多《おお》くの国民《こくみん》に愛《あい》される大《だい》スターになりました。その後《ご》、フリオの歌《うた》がスペインだけでなく、世界中《せかいじゅう》の国々《くにぐに》で愛《あい》されるようになったことは、皆《みな》さんがご存《ぞん》じの通《とお》りです。

フリオ、*すなわちフリオ・イグレシアス（Julio Iglesias）は14カ国語《こくご》で80枚以上《まいいじょう》のアルバムを出《だ》し、世《せ》界中《かいじゅう》の600都市《とし》で5,000回《かい》のコンサートを行《おこな》い、3億枚《おくまい》

---

*音楽祭（おんがくさい）：music festival / 音乐节 / lễ hội âm nhạc / festival de Música
*音楽（おんがく）チャート：music charts / 音乐排行榜 / bảng xếp hạng âm nhạc / ranking de música
*すなわち：that is to say, / 即 / tức là / ou seja,

以上《いじょう》のレコードが売《う》れました。３億枚《おくまい》というのは、ビートルズ（The Beatles）、エルビス・プレスリー（Elvis Presley）、マイケル・ジャクソン（Michael Jackson）の次《つぎ》に多《おお》い記録《きろく》です。フリオは、「世界《せかい》で最《もっと》も売《う》れた*ラテンシンガー」として*ギネスブックに記録《きろく》されています。

「初《はじ》めてギターを弾《ひ》いて、私《わたし》は音楽《おんがく》を知《し》った。そして、音楽《おんがく》への*情熱《じょうねつ》が私《わたし》の人生《じんせい》になった」と、フリオは後《のち》に言《い》っています。サッカーから音楽《おんがく》へ。フリオの二《ふた》つの情熱《じょうねつ》の間《あいだ》には、交通事故《こうつうじこ》による大《おお》けがとの闘《たたか》いがありました。

フリオの歌《うた》には愛《あい》の歌《うた》が多《おお》いのですが、人生《じんせい》を歌《うた》ったデビュー曲《きょく》には、大《おお》けがとの闘《たたか》いが*描《えが》かれています。

「苦《くる》しみと喜《よろこ》び　戦《たたか》いと平和《へいわ》　人生《じんせい》にはいつも
生《い》きる理由《りゆう》がある　戦《たたか》う理由《りゆう》がある」
（「人生《じんせい》は同《おな》じように続《つづ》く」より）

■1,251文字■

＊ラテンシンガー：Latin singer / 拉丁歌手 / ca sỹ châu Mỹ La tinh / cantor latino
＊ギネスブック：Guinness Book of Records / 吉尼斯大全 / sách Guinness / Livro Guinness dos Recordes
＊情熱（じょうねつ）：passion / 热情 / lòng nhiệt tình / entusiasmo
＊描く（えがく）：depict / 描绘 / vẽ nên / retratar

父《ちち》がしたかったこと

私《わたし》が小《ちい》さい頃《ころ》、父《ちち》はいすを直《なお》したり、本棚《ほんだな》を作《つく》ったりしながら私《わたし》とおしゃべりするのが大好《だいす》きでした。私《わたし》は、大学卒業後《だいがくそつぎょうご》、仕事《しごと》で忙《いそが》しくなって、時々私《ときどきわたし》の家《いえ》に来《く》る父《ちち》と二人《ふたり》で話《はな》すことはほとんどありませんでした。そして、ある日《ひ》……。

私《わたし》が小《ちい》さい頃《ころ》、父《ちち》はよくいすを直《なお》したり、小《ちい》さな本棚《ほんだな》を作《つく》ったりしていました。その間《あいだ》、私《わたし》は父《ちち》のそばに座《すわ》って、それをずっと見《み》ていました。父《ちち》は私《わたし》に*金《かな》づちを握《にぎ》らせて、私《わたし》の手《て》の上《うえ》に自分《じぶん》の手《て》を重《かさ》ねて、金《かな》づちの使《つか》い方《かた》を教《おし》えてくれました。そのおかげで私《わたし》は道具《どうぐ》の使《つか》い方《かた》が分《わ》かるようになりました。

私《わたし》が父《ちち》のそばに座《すわ》っている間《あいだ》、私《わたし》たちはおしゃべりをしました。父《ちち》は私《わたし》の趣味《しゅみ》について尋《たず》ねたり、父《ちち》が小《ちい》さい頃《ころ》のことを話《はな》したりしてくれました。

父《ちち》はお酒《さけ》を飲《の》みに行《い》ったり、夜《よる》、仲間《なかま》たちと遊《あそ》びに行《い》ったりすることはありませんでした。仕事《しごと》が終《お》わった後《あと》で父《ちち》がしたかったこと、それは家《いえ》に帰《かえ》って家族《かぞく》と一緒《いっしょ》に過《す》ごすことだけでした。

私《わたし》は高校卒業後《こうこうそつぎょうご》、家《いえ》から遠《とお》く離《はな》れた所《ところ》にある大学《だいがく》に進《しん》

＊金づち（かなづち）：hammer / 铁锤 / cái búa / martelo

学《がく》して、大学《だいがく》のそばに引《ひ》っ越《こ》しました。父《ちち》は毎週《まいしゅう》日曜日《にちようび》の夜《よる》になると、いつも電話《でんわ》をかけてきました。

大学卒業後《だいがくそつぎょうご》もその土地《とち》の会社《かいしゃ》に就職《しゅうしょく》して、その街《まち》に住《す》み続《つづ》けました。数年後《すうねんご》、結婚《けっこん》して家《いえ》を買《か》った時《とき》、夏《なつ》に父《ちち》が訪《たず》ねてきました。とても暑《あつ》い夏《なつ》でしたが、父《ちち》は私《わたし》のために３日《か》もかけて家《いえ》にペンキを塗《ぬ》ってくれました。父《ちち》は「座《すわ》って話《はなし》をしないか」と私《わたし》に言《い》いました。しかし、私《わたし》は自分《じぶん》の仕事《しごと》で*手《て》いっぱいだったので、結局《けっきょく》、その夏《なつ》は父《ちち》と話《はな》す時間《じかん》がありませんでした。

それから数年後《すうねんご》、父《ちち》が私《わたし》の家《いえ》を訪《おとず》れて、私《わたし》の娘《むすめ》のために何時間《なんじかん》もかけて*ブランコを作《つく》ってくれました。父《ちち》は、ブランコを作《つく》っている間《あいだ》、話《はなし》をしないかと誘《さそ》ってくれました。しかし、私《わたし》は次《つぎ》の出張《しゅっちょう》の準備《じゅんび》をしなければなら

---

*手いっぱい（ていっぱい）：to have one's hands full / 忙得不可开交 / bận rộn / ocupado
*ブランコ：swing / 秋千 / xích đu / balanço

なかったので、父《ちち》と話《はな》す時間《じかん》はありませんでした。

父《ちち》を空港《くうこう》へ見送《みおく》りに行《い》き、「またね」と言《い》って別《わか》れた時《とき》、私《わたし》は、父《ちち》がいる間《あいだ》に二人《ふたり》で話《はな》す時間《じかん》を全《まった》く持《も》たなかったことに*気《き》が付《つ》きました。

それから１年《ねん》ほどたったある日曜日《にちようび》の夜《よる》、私《わたし》は父《ちち》と電話《でんわ》で話《はなし》をしていました。父《ちち》は、私《わたし》が娘《むすめ》について話《はな》したことを忘《わす》れてしまっているようでした。しかし、私《わたし》は気《き》にしないで電話《でんわ》を切《き》り、そのことについて深《ふか》く考《かんが》えることはありませんでした。

電話《でんわ》で父《ちち》と話《はな》した２日後《ふつかご》、父《ちち》の家《いえ》の近《ちか》くにある病院《びょういん》から電話《でんわ》がかかってきました。父《ちち》が*脳卒中《のうそっちゅう》を起《お》こしたのです。私《わたし》はすぐ飛行機《ひこうき》のチケットを取《と》りました。そして、病院《びょういん》に着《つ》くまでの間《あいだ》、父《ちち》が新《あたら》しい家《いえ》にペンキを塗《ぬ》りに来《き》

---

*気が付く（きがつく）：to realize / 意识到 / nhận ra / perceber

*脳卒中（のうそっちゅう）：stroke / 中风 / tai biến mạch máu não / derrame

てくれた時《とき》のことや、娘《むすめ》のブランコを作《つく》りに来《き》てくれた時《とき》のこと、父《ちち》と二人《ふたり》で話《はな》す時間《じかん》を全《まった》く持《も》たなかったことを思《おも》い出《だ》しました。

病院《びょういん》に着《つ》いた時《とき》、父《ちち》はすでに*息《いき》を引《ひ》き取《と》っていました。看護師《かんごし》は「お父様《とうさま》は、私《わたし》のことをあなたのお名前《なまえ》でずっと呼《よ》んでいました。そして、そばで話《はなし》をしないかとずっと言《い》い続《つづ》けていらっしゃいました」と言《い》いました。

父《ちち》が死《し》んでから、私《わたし》は毎日父《まいにちちち》のことを考《かんが》えるようになって、父《ちち》の心《こころ》の底《そこ》にあった思《おも》いや父《ちち》の夢《ゆめ》についていろいろと考《かんが》え始《はじ》めました。父《ちち》はずっと私《わたし》と話《はな》したがっていました。そして、やっと「私《わたし》との時間《じかん》」を*手《て》に入《い》れましたが、遅《おそ》すぎました。

最近《さいきん》、私《わたし》は毎日娘《まいにちむすめ》と一緒《いっしょ》に過《す》ごす時間《じかん》を持《も》つようにし

---

*息を引き取る（いきをひきとる）：to pass away / 断气 / trút hơi thở cuối cùng / dar o último suspiro

*手に入れる（てにいれる）：to obtain / 得到 / có được / conseguir

ています。娘《むすめ》に学校《がっこう》での出来事《できごと》について尋《たず》ねたり、ものの作《つく》り方《かた》や直《なお》し方《かた》を教《おし》えたりしています。私《わたし》は、ここに父《ちち》も一緒《いっしょ》にいて、喜《よろこ》んでいると思《おも》っています。

■1,274文字■

AIBO《アイボ》の葬式《そうしき》

ソニー（SONY）から犬《いぬ》のロボットAIBOが初《はじ》めて発売《はつばい》されたのは1999年《ねん》。しかしソニーは2014年《ねん》にAIBOの修理《しゅうり》をやめてしまった。AIBOを本物《ほんもの》の犬《いぬ》のようにかわいがっている人《ひと》たちは、かわいいAIBOが故障《こしょう》したら、どうしたらいいのだろうか。

*ＳＦ《エスエフ》はロボットについて、いろいろな問題《もんだい》を示《しめ》してきた。人間《にんげん》はロボットを愛《あい》することができるのか？　ロボットに心《こころ》はあるのか？　ロボットは生《い》きているのか？　現代《げんだい》の日本社会《にほんしゃかい》では、人々《ひとびと》がロボットと深《ふか》い関係《かんけい》を持《も》つようになった。それによって、こうしたSFの問題《もんだい》に対《たい》して、少《すこ》しずつ答《こた》えが出《だ》されている。

1999年《ねん》にソニーは、犬《いぬ》の形《かたち》のロボット、AIBO《アイボ》を発売《はつばい》した。AIBOとは、Artificial Intelligence roBOtの*略《りゃく》だ。初《はじ》めに発売《はつばい》された3,000台《だい》はすぐに売《う》れて、その後《ご》も、たくさんの人《ひと》がこのロボットのペットを愛《あい》するようになった。しかしソニーは、2006年《ねん》にAIBOの生産《せいさん》をやめて、2014年《ねん》には修理《しゅうり》もやめた。そこに登場《とうじょう》したのが、乗松伸幸《のりまつのぶゆき》さんだ。

乗松《のりまつ》さんは、2010年《ねん》にソニーを辞《や》めた後《あと》、古《ふる》いソニー製《せい》品《ひん》を修理《しゅうり》する店《みせ》を開《ひら》いた。ソニーがAIBOの修理《しゅうり》をやめる

---

*SF（エスエフ）：science fiction / 科幻 / truyện khoa học viễn tưởng / ficção científica
*略（りゃく）：abbreviation / 缩写 / viết tắt / abreviação

と、乗松《のりまつ》さんの店《みせ》の客《きゃく》が増《ふ》えた。古《ふる》くなったAIBO《アイボ》が故障《こしょう》すると、そのAIBOの持《も》ち主《ぬし》はAIBOが「病気《びょうき》になった」ように心配《しんぱい》する。そして、「病気《びょうき》」のAIBOを「*治療《ちりょう》」してもらうために、乗松《のりまつ》さんの店《みせ》に来《く》るようになった。

乗松《のりまつ》さんにとって、AIBOを直《なお》すことは*単《たん》なる修理《しゅうり》ではなくなった。「お客《きゃく》さんたちはAIBOを本当《ほんとう》に愛《あい》している」と乗松《のりまつ》さんは言《い》う。AIBOの持《も》ち主《ぬし》たちは、AIBOに心《こころ》があると感《かん》じている。だから、持《も》ち主《ぬし》たちにとって乗松《のりまつ》さんは「医者《いしゃ》」なのだ。

彼《かれ》の店《みせ》には、AIBOの持《も》ち主《ぬし》からこんな手紙《てがみ》が届《とど》く。

「病気《びょうき》の母《はは》は、このAIBOをとてもかわいがっています。なんとか直《なお》していただけないでしょうか？」

持《も》ち主《ぬし》が、具合《ぐあい》の悪《わる》いAIBOの気持《きも》ちになって書《か》いたメー

＊治療（ちりょう）：medical treatment / 治疗 / điều trị / tratamento médico

＊単なる（たんなる）：merely / 单纯的 / đơn thuần / simples

ルもある。

「歩《ある》けなくなると、僕《ぼく》は死《し》ぬしかないの？」

修理《しゅうり》で直《なお》ったAIBO《アイボ》を受《う》け取《と》った持《も》ち主《ぬし》が、「大切《たいせつ》な家《か》族《ぞく》であるAIBOの『命《いのち》』と『健康《けんこう》』を*取《と》り戻《もど》してくれて、ありがとうございます」と泣《な》きながら電話《でんわ》してきたこともある。

ソニーは約《やく》15万台《まんだい》のAIBOを販売《はんばい》した。古《ふる》くなったAIBOは「老化《ろうか》」して、足《あし》がよく動《うご》かなくなったりする。乗松《のりまつ》さんは一生懸命《いっしょうけんめい》直《なお》そうとするが、AIBOはもう生産《せいさん》されていないので、新《あたら》しい部品《ぶひん》はない。部品《ぶひん》を交換《こうかん》するためには、使《つか》われなくなったAIBO、つまり「亡《な》くなった」AIBOの部品《ぶひん》を使《つか》うしかない。乗松《のりまつ》さんの「病院《びょういん》」では、部品交換《ぶひんこうかん》のための順番《じゅんばん》を待《ま》つ持《も》ち主《ぬし》が増《ふ》えている。

＊取り戻す（とりもどす）：regain / 找回 / lấy lại / recuperar

しかし、乗松《のりまつ》さんでも全《すべ》てのAIBO《アイボ》の「命《いのち》」を救《すく》えるわけではない。どんなに愛《あい》されているAIBOにも終《お》わりの時《とき》は来《く》る。2015年《ねん》の1月《がつ》に、千葉県《ちばけん》いすみ市《し》にある光福寺《こうふくじ》というお寺《てら》で、初《はじ》めてAIBOの葬式《そうしき》が行《おこな》われた。光福寺《こうふくじ》の*僧侶《そうりょ》の大井文彦《おおいふみひこ》さんは、「AIBOの葬式《そうしき》はペットの葬式《そうしき》と同《おな》じです」と言《い》う。両方《りょうほう》とも、*魂《たましい》が体《からだ》から離《はな》れるのを手伝《てつだ》うものだからだ。

AIBOが人々《ひとびと》にこんなに愛《あい》されているのは、*一時的《いちじてき》な流《りゅう》行《こう》ではない。AIBOの「医者《いしゃ》」乗松《のりまつ》さんとAIBOの「僧侶《そうりょ》」大《おお》井《い》さんは、将来《しょうらい》の社会《しゃかい》でもっと必要《ひつよう》になる仕事《しごと》を、今《いま》の社《しゃ》会《かい》でしているのである。

2018年《ねん》1月《がつ》に、ソニーは、最初《さいしょ》のAIBOよりもっと犬《いぬ》に似《に》た新《あたら》しいAIBOを発売《はつばい》した。今後《こんご》、社会《しゃかい》には、人《ひと》の形《かたち》のロボットも登場《とうじょう》するだろう。そして私《わたし》たちは、ロボットと

＊僧侶（そうりょ）：Buddhist monk / 僧侣 / tăng lữ / monge
＊魂（たましい）：soul / 灵魂 / linh hồn / alma, espírito
＊一時的な（いちじてきな）：fleeting / 暂时的 / nhất thời / temporário

もっと親《した》しくなるかもしれない。

そうなれば、乗松《のりまつ》さんや大《おお》井《い》さんのような人《ひと》たちがたくさん必要《ひつよう》になるだろう。そして、SFが示《しめ》した問題《もんだい》に対《たい》して、現実《げんじつ》の社会《しゃかい》から*さらにいろいろな答《こた》えが出《で》てくるだろう。

■1,278文字■

＊さらに：further / 进一步 / hơn nữa / mais

トッドの約束《やくそく》

結婚《けっこん》を約束《やくそく》したジーナとトッド。しかし、突然《とつぜん》ジーナに不幸《ふこう》なことが起《お》こってしまいます。遠《とお》く離《はな》れてしまった二人《ふたり》に幸《しあわ》せは訪《おとず》れるのでしょうか。

ジーナとトッドは大学生《だいがくせい》の時《とき》、付《つ》き合《あ》いはじめました。しかし、ジーナの両親《りょうしん》は、自分《じぶん》たちの娘《むすめ》がトッドと付《つ》き合《あ》うことに反対《はんたい》していました。なぜなら、トッドの家庭環《かていかん》境《きょう》には問題《もんだい》があって、彼《かれ》と結婚《けっこん》したら一生《いっしょう》苦労《くろう》するだろうと思《おも》っていたからです。

２年後《ねんご》に二人《ふたり》は大学《だいがく》を卒業《そつぎょう》しました。ジーナは就職《しゅうしょく》しましたが、トッドは海外《かいがい》へ留学《りゅうがく》することを決《き》めました。留学《りゅうがく》に出発《しゅっぱつ》する前《まえ》に、トッドはジーナにプロポーズしました。

「素敵《すてき》な言葉《ことば》は見《み》つからないけど、これだけは言《い》える。愛《あい》してるよ。僕《ぼく》は一生《いっしょう》君《きみ》を守《まも》ると約束《やくそく》する。そして、君《きみ》の家《か》族《ぞく》にも気《き》に入《い》ってもらえるように努力《どりょく》する。僕《ぼく》と結婚《けっこん》してくれる？」

「はい」とジーナは答《こた》えました。

I
love
you!

トッドはジーナの指《ゆび》に、指輪《ゆびわ》を*はめました。彼女《かのじょ》の両親《りょうしん》もトッドの強《つよ》い気持《きも》ちに心《こころ》が動《うご》いて、二人《ふたり》の関係《かんけい》を認《みと》めてくれました。

トッドは留学《りゅうがく》に出発《しゅっぱつ》しました。トッドが留学《りゅうがく》している間《あいだ》、ジーナは一生懸命働《いっしょうけんめいはたら》きました。

ところがある日《ひ》、彼女《かのじょ》は仕事《しごと》に行《い》く途中《とちゅう》で交通事故《こうつうじこ》に遭《あ》ってしまいました。目《め》が覚《さ》めた時《とき》、ベッドの横《よこ》で両親《りょうしん》が泣《な》いているのが見《み》えました。ジーナは両親《りょうしん》を落《お》ち着《つ》かせるために、二人《ふたり》に話《はな》しかけました。しかし……声《こえ》が、出《だ》せませんでした。何《なに》かの間違《まちが》いだと思《おも》って、もう一度声《いちどこえ》を出《だ》そうとしました。しかし、結果《けっか》は同《おな》じでした。事故《じこ》で頭《あたま》を打《う》ったせいで、ジーナは声《こえ》が出《で》なくなってしまったのです。

それからしばらく入院《にゅういん》して、ジーナのけがは治《なお》りまし

＊はめる：put on / 戴上 / đeo, lồng vào / colocar

た。そして彼女《かのじょ》は退院《たいいん》して、家《いえ》に帰《かえ》りました。全《すべ》てが前《まえ》と同《おな》じように感《かん》じられましたが、声《こえ》を出《だ》すことだけはできませんでした。電話《でんわ》のベルを聞《き》くと、ジーナは悲《かな》しくて胸《むね》が*張《は》り裂《さ》けそうになりました。声《こえ》が出《で》ない彼女《かのじょ》は、もうトッドと話《はな》すことができないのです。

ジーナはトッドを心《こころ》から愛《あい》しています。しかし、愛《あい》しているから彼《かれ》に苦労《くろう》をかけたくありませんでした。彼女《かのじょ》はトッドに手紙《てがみ》を書《か》きました。

――新《あたら》しい恋人《こいびと》ができたから、別《わか》れましょう――

そして、手紙《てがみ》と一緒《いっしょ》に指輪《ゆびわ》も入《い》れました。

トッドは何度《なんど》も何度《なんど》もジーナに電話《でんわ》をかけました。しかし、ジーナにできることは、泣《な》くことだけでした。

ジーナの両親《りょうしん》は、彼女《かのじょ》が全《すべ》てを忘《わす》れられるように、別《べつ》の町《まち》に引《ひ》っ越《こ》すことにしました。彼女《かのじょ》は新《あたら》しい町《まち》で手話《しゅわ》を勉強《べんきょう》して、新《あたら》しい生活《せいかつ》を始《はじ》めました。そして、トッドのこ

＊張り裂ける（はりさける）：break / 撕裂 / vỡ tan / partir

とを考《かんが》えないようにしました。

ある時《とき》、ジーナは、トッドが留学《りゅうがく》から帰《かえ》ってきたことを友達《ともだち》から聞《き》きました。しかし、ジーナは友達《ともだち》に、自分《じぶん》に起《お》こったことをトッドに教《おし》えないでほしいと言《い》いました。

そして1年《ねん》が過《す》ぎたある日《ひ》、友達《ともだち》がジーナの所《ところ》に1枚《まい》の封筒《ふうとう》を持《も》ってきました。封筒《ふうとう》を開《あ》けると、中《なか》にはトッドの結婚式《けっこんしき》の招待状《しょうたいじょう》が入《はい》っていました。ジーナは招待状《しょうたいじょう》を見《み》て、ショックを受《う》けました。彼女《かのじょ》は彼《かれ》のことを忘《わす》れようと努力《どりょく》していましたが、簡単《かんたん》に忘《わす》れることはできなかったのです。

*しかも驚《おどろ》いたことに、新婦《しんぷ》の所《ところ》に自分《じぶん》の名前《なまえ》が書《か》いてありました。ジーナはびっくりして顔《かお》を上《あ》げました。すると目《め》の前《まえ》に、*なんと、トッドが立《た》っていました。
トッドは手話《しゅわ》で話《はな》し始《はじ》めました。

＊しかも：what's more, / 而且 / chưa hết / além disso

＊なんと：unbelievably / 居然 / nào ngờ / que surpresa

「君《きみ》との約束《やくそく》を忘《わす》れていない。手話《しゅわ》を勉強《べんきょう》するのに、1年《ねん》もかかってしまった。僕《ぼく》は君《きみ》の声《こえ》になりたい。愛《あい》してるよ」

　そしてトッドはジーナの指《ゆび》に指輪《ゆびわ》を戻《もど》しました。ジーナの顔《かお》に涙《なみだ》と笑顔《えがお》が*あふれました。

■1,337文字■

＊あふれる：overflowing / 洋溢 / ngập tràn, đầy ắp / transbordar

ミスター豆腐《とうふ》

豆腐《とうふ》は以前《いぜん》、アメリカ人《じん》が最《もっと》も嫌《きら》いな食《た》べ物《もの》だった。しかし、ある日本人《にほんじん》が頑張《がんば》ったおかげで、今《いま》では健康《けんこう》食品《しょくひん》として人気《にんき》がある。ミスター豆腐《とうふ》と呼《よ》ばれたその人《ひと》は、どのようにして成功《せいこう》したのだろうか。

アメリカに「ミスター豆腐《とうふ》」と呼《よ》ばれる日本人《にほんじん》がいる。彼《かれ》の名前《なまえ》は、雲田康夫《くもだやすお》。アメリカに豆腐《とうふ》を広《ひろ》めた人《ひと》だ。彼《かれ》がアメリカで成功《せいこう》するまでの道《みち》は、とても厳《きび》しいものだった。あと少《すこ》しで成功《せいこう》しそうな時《とき》に、運《うん》が悪《わる》くて失敗《しっぱい》に終《お》わったこともあった。普通《ふつう》の人《ひと》だったら、途中《とちゅう》で諦《あきら》めていただろう。

雲田《くもだ》は、森永《もりなが》という食品会社《しょくひんがいしゃ》で働《はたら》いていた。1985年《ねん》、40歳《さい》の雲田《くもだ》は森永《もりなが》の豆腐《とうふ》を売《う》るために、アメリカに行《い》くことになった。雲田《くもだ》の会社《かいしゃ》は、アメリカで働《はたら》いている日本《にほん》人《じん》や、健康《けんこう》に気《き》を付《つ》けるアメリカ人《じん》は、豆腐《とうふ》を食《た》べるだろうと考《かんが》えていた。しかし、*当時《とうじ》、豆腐《とうふ》が好《す》きなアメリカ人《じん》は少《すく》なかった。豆腐《とうふ》の*食感《しょっかん》や味《あじ》が嫌《きら》いな人《ひと》がいたし、「Tofu」の発音《はつおん》から英語《えいご》の“Toe”（*爪先《つまさき》）をイメージする人《ひと》もいた。また、豆腐《とうふ》の原料《げんりょう》の*大豆《だいず》はペットの餌《えさ》だと

---

*当時（とうじ）：at that time / 当时 / lúc ấy / na época

*食感（しょっかん）：texture / 口感 / cảm giác khi ăn / textura do alimento

*爪先（つまさき）：toe / 脚尖 / đầu ngón chân / ponta

*大豆（だいず）：soy beans / 大豆 / đậu nành / soja

考《かんが》える人《ひと》も多《おお》かった。1988年《ねん》の新聞《しんぶん》の調査《ちょうさ》で、豆腐《とうふ》はアメリカ人《じん》の一番嫌《いちばんきら》いな食《た》べ物《もの》だった。

雲田《くもだ》はアメリカに渡《わた》ってから何年《なんねん》も頑張《がんば》った。

ある時《とき》、雲田《くもだ》はロッキー青木《あおき》を訪ねた。ロッキー青木《あおき》は、ベニハナという有名《ゆうめい》なレストランのオーナーで、雲田《くもだ》は森永《もりなが》の豆腐《とうふ》にベニハナのブランドを使《つか》いたかったのだ。しかし、ロッキー青木《あおき》はそれを許《ゆる》さなかった。その代《か》わり、ロッキー青木《あおき》は雲田《くもだ》に「豆腐《とうふ》を売《う》るためには自分《じぶん》が*広《こう》告塔《こくとう》になりなさい」とアドバイスをくれた。

そこで雲田《くもだ》は、自分《じぶん》の車《くるま》のナンバープレートを「TOFU NO 1（豆腐《とうふ》が一番《いちばん》）」にしようと考《かんが》えた。しかし、雲田《くもだ》の*コンサルタントは、アメリカ人《じん》はそれを「TOFU NO!（豆腐《とうふ》ダメ！）」と読《よ》んでしまうと言《い》った。そこで、彼《かれ》は「TOFU-A（よい豆腐《とうふ》）」というナンバープレートを使《つか》った。しかし、そのナンバープレートを見《み》て、親指《おやゆび》を下《した》に向《む》

---

*広告塔（こうこくとう）：billboard / 广告塔 / tháp quảng cáo / garoto-propaganda
*コンサルタント：consultant / 顾问 / tư vấn / consultor

けるサインを送《おく》る運転手《うんてんしゅ》もいた。

次《つぎ》に、雲田《くもだ》は豆腐《とうふ》の形《かたち》をした四角《しかく》い*衣装《いしょう》を着《き》てロサンゼルスマラソンに出《で》た。途中《とちゅう》でつまずいて転《ころ》んでしまったが、テレビカメラに注目《ちゅうもく》されたので、一生懸命《いっしょうけんめい》豆腐《とうふ》の良《よ》さを説明《せつめい》した。

雲田《くもだ》はいろいろ試《ため》してみたが、アメリカでは豆腐《とうふ》がなかなか売《う》れなかった。

諦《あきら》めそうになっていたある日《ひ》、雲田《くもだ》は、食料品店《しょくりょうひんてん》で一人《ひとり》の女性《じょせい》が豆腐《とうふ》を買《か》うのを見《み》た。彼《かれ》はその女性《じょせい》に話《はな》し掛《か》けた。すると、彼女《かのじょ》は豆腐《とうふ》を果物《くだもの》と一緒《いっしょ》にして、*健康《けんこう》シェイクを作《つく》っていることを教《おし》えてくれた。雲田《くもだ》はすぐ会社《かいしゃ》に戻《もど》ってこの食《た》べ方《かた》を試《ため》してみたが、とてもおいしかった。彼《かれ》はこの食《た》べ方《かた》に合《あ》う新《あたら》しい豆腐《とうふ》を作《つく》ることにした。

また、彼《かれ》は車《くるま》に乗《の》っている時《とき》に、こんなことをラジオで聞《き》いた。当時《とうじ》の大統領夫人《だいとうりょうふじん》のヒラリー・クリントンが

＊衣装（いしょう）：costume / 服装 / trang phục / traje

＊健康（けんこう）シェイク：health shake / 健康奶昔 / món sinh tố lắc tốt cho sức khỏe / batida saudável

大統領《だいとうりょう》の健康《けんこう》のために豆腐《とうふ》を*勧《すす》めているというのだ。すぐに彼《かれ》は、森永《もりなが》の豆腐《とうふ》と、豆腐《とうふ》のレシピをホワイトハウスに送《おく》った。ホワイトハウスからは、丁寧《ていねい》にお礼《れい》の返事《へんじ》が来《き》た。

　このことで、雲田《くもだ》の気持《きも》ちがもう一度《いちど》*燃《も》え上《あ》がった。彼《かれ》は新製品《しんせいひん》の工場《こうじょう》を作《つく》ろうと考《かんが》えた。しかしその頃《ころ》、彼《かれ》の会社《かいしゃ》は、彼《かれ》がなかなか成功《せいこう》しないことに我慢《がまん》できなくなっていた。

「新製品《しんせいひん》の工場《こうじょう》を作《つく》るのはいい。ただし、自分《じぶん》の金《かね》でやれ！」と会社《かいしゃ》は雲田《くもだ》に言《い》った。これはとても大《おお》きい*賭《か》けで、普通《ふつう》の人《ひと》だったら諦《あきら》める。しかし、雲田《くもだ》は諦《あきら》めなかった。彼《かれ》は借金《しゃっきん》をして、オレゴン州《しゅう》に新《あたら》しい豆腐工場《とうふこうじょう》を建《た》てた。

　それから10年《ねん》。雲田《くもだ》の努力《どりょく》がやっと成功《せいこう》に*つながって、森永《もりなが》の豆腐《とうふ》はアメリカで人気《にんき》の商品《しょうひん》になった。ミス

---

*勧める（すすめる）：recommend / 推荐 / khuyến khích / recomendar

*燃え上がる（もえあがる）：flare up / 燃起 / bùng cháy / entusiasmar-se

*賭け（かけ）：gamble / 赌博 / đánh cược / aposta

*つながる：connect / 带来 / dẫn đến / conduzir

ター豆腐《とうふ》は、最後《さいご》まで諦《あきら》めなかったのだ。

日本《にほん》には「桃栗三年《ももくりさんねん》、柿八年《かきはちねん》」という＊ことわざがある。桃《もも》や栗《くり》の木《き》は育《そだ》って＊実《み》がなるのに３年《ねん》かかり、柿《かき》は８年《ねん》かかる。成功《せいこう》までにはとても長《なが》い時間我慢《じかんがまん》する必要《ひつよう》がある、という意味《いみ》だ。ミスター豆腐《とうふ》はそれにこう＊付《つ》け加《くわ》える。

「そして豆腐《とうふ》は10年《ねん》！」

■1,452文字■

＊ことわざ：proverb / 谚语 / tục ngữ / ditado

＊実（み）がなる：bear fruit / 结出果实 / kết trái / dar frutos

＊付け加える（つけくわえる）：add / 附加 / nói thêm / acrescentar

ラスト・ブックストア
(The Last Bookstore)

インターネットで本《ほん》を買《か》う人《ひと》が増《ふ》えて、街《まち》の本屋《ほんや》は次々《つぎつぎ》に閉店《へいてん》しています。そんな中《なか》、アメリカでは「ラスト・ブックストア」という面白《おもしろ》い名前《なまえ》の本屋《ほんや》が人気《にんき》を集めています。どうして、この本屋《ほんや》は成功《せいこう》したのでしょうか。

最近《さいきん》は、日本《にほん》でも、カフェがある本屋《ほんや》や、いろいろな物《もの》と一緒《いっしょ》に本《ほん》を売《う》る店《みせ》、店内《てんない》でミニ・コンサートをする本屋《ほんや》が増《ふ》えています。アメリカのロサンゼルス（Los Angels）で一番大《いちばんおお》きな本屋《ほんや》、ラスト・ブックストアは、こうした本屋《ほんや》のモデルかもしれません。

2005年《ねん》にラスト・ブックストアを開《ひら》いた経営者《けいえいしゃ》のジョシュ・スペンサーは、こう言《い》います。

「僕《ぼく》は本屋《ほんや》の中《なか》で、お客《きゃく》さんに全《すべ》ての感覚《かんかく》を使《つか》って世界《せかい》を体験《たいけん》してほしいのです。本《ほん》を買《か》うだけだったら、アマゾン（Amazon）でも買《か》えますから」

売《う》り場面積《ばめんせき》が約《やく》2,000㎡もある彼《かれ》の店《みせ》は、天井《てんじょう》が高《たか》く、*ドームになっています。そこには約《やく》25万冊《まんさつ》の本《ほん》があるだけでなく、たくさんの物《もの》が置《お》かれています。彫刻《ちょうこく》や、古《ふる》い木《き》の本棚《ほんだな》や家具《かぐ》、銀行《ぎんこう》の大《おお》きな金庫《きんこ》、ポスターなど。中《なか》で

---

*ドーム：dome / 圆顶 / mái vòm / cúpula

も目立《めだ》つのは、ほとんど見《み》えない糸《いと》で支《ささ》えられて*空中《くうちゅう》に浮《う》かんでいる*タイプライターです。

店《みせ》にある25万冊《まんさつ》の本《ほん》のうち、新《あたら》しい本《ほん》は２万冊《まんさつ》で、あとは古本《ふるほん》です。レコードやCD、DVDも売《う》っていますし、カフェもあります。音楽《おんがく》の演奏《えんそう》、イベント、ドラマ、映画《えいが》を見《み》ることができるステージもあります。

「*ラビリンス」と呼《よ》ばれるフロアには、本棚《ほんだな》の迷路《めいろ》や、本《ほん》を重《かさ》ねて曲線《きょくせん》の壁《かべ》のようにしたトンネル、１冊《さつ》１ドルの古本《ふるほん》が約《やく》10万冊《まんさつ》も置《お》いてある「１ドルルーム」などがあります。また、珍《めずら》しい本《ほん》や芸術《げいじゅつ》の本《ほん》も売《う》っています。

スペンサーは、初《はじ》めは本《ほん》や日用品《にちようひん》などの品物《しなもの》をインターネットで販売《はんばい》していました。しかし、見《み》えないお客《きゃく》さんに対《たい》して、*ガレージセールのようなことをずっと続《つづ》けるのが

＊空中に浮かぶ（くうちゅうにうかぶ）：floating in mid-air / 浮在空中 / nổi trong không trung / flutuar no ar

＊タイプライター：typewriter / 打字机 / máy đánh chữ / máquina de escrever

＊ラビリンス：labyrinth / 迷宫 / labyrinth (mê cung) / labirinto

＊ガレージセール：garage sale / 旧货甩卖 / bán thanh lý (garage sale) / venda de garagem

嫌《いや》になりました。見《み》えるお客《きゃく》さんに、一番《いちばん》好《す》きな品物《しなもの》である本《ほん》を売《う》りたいと思《おも》うようになったのです。

2005年《ねん》に、自分《じぶん》のアパートのすぐそばに安《やす》い場所《ばしょ》が空《あ》いたとき、彼《かれ》は本屋《ほんや》を開《ひら》くことを決心《けっしん》しました。アマゾンなどのインターネットの本屋《ほんや》との競争《きょうそう》に負《ま》けて、他《ほか》の本屋《ほんや》は次々《つぎつぎ》に閉店《へいてん》していきましたが、スペンサーの本屋《ほんや》は順調《じゅんちょう》に*売《う》り上《あ》げを伸《の》ばしていきました。

そして2011年《ねん》には、現在《げんざい》の広《ひろ》いスペースに移《うつ》りました。新《あたら》しい場所《ばしょ》は街《まち》の中心《ちゅうしん》で*人通《ひとどお》りが多《おお》く、お客《きゃく》さんも増《ふ》えました。店《みせ》は、素晴《すば》らしい本屋《ほんや》として新聞《しんぶん》や雑誌《ざっし》で何度《なんど》も紹介《しょうかい》され、多《おお》くの観光《かんこう》ガイドブックにも*載《の》るようになりました。

スペンサーにはもう一《ひと》つ、別《べつ》の物語《ものがたり》があります。スペンサーは、21歳《さい》でバイクの事故《じこ》に遭《あ》い、*車《くるま》いすの生活に

＊売り上げ（うりあげ）：sales / 销售额 / doanh thu / venda

＊人通りが多い（ひとどおりがおおい）：a lot of foot traffic / 人潮熙攘 / đông người qua lại / movimentado

＊載る（のる）：appear in / 刊登 / đăng / aparecer

＊車いす（くるまいす）：wheelchair / 轮椅 / xe lăn / cadeira de rodas

なってしまったのです。スペンサーがインターネットでビジネスを始《はじ》めたのは、事故《じこ》の後《あと》でした。

「趣味《しゅみ》として始《はじ》めたのですが、それが仕事《しごと》になり、5年《ねん》で大《おお》きな利益《りえき》が出《で》るようになりました」と彼《かれ》は言《い》います。「この仕事《しごと》は、車椅子《くるまいす》でも、人《ひと》に助《たす》けてもらわなくても自分《じぶん》の力《ちから》でできますし、就職《しゅうしょく》するための努力《どりょく》もしなくて済《す》みました」

ところで、「ラスト・ブックストア」という店《みせ》の名《な》はどういう意味《いみ》でしょうか。スペンサーは、*電子書籍《でんししょせき》がどんどん増《ふ》えてくる中《なか》で、だんだん人々《ひとびと》が紙《かみ》の本《ほん》への愛情《あいじょう》をなくしてしまうのではないか、と思《おも》っています。

紙《かみ》の本《ほん》は「手《て》に取《と》って、ページを*めくって、*拾《ひろ》い読《よ》みする」ことができます。そうした紙《かみ》の本《ほん》の良《よ》さが分《わ》かる「最後《さいご》の*世代《せだい》」が自分《じぶん》たちの世代《せだい》だ、とスペンサーは言《い》

---

*電子書籍（でんししょせき）：e-books / 电子书 / sách điện tử / livro eletrônico
*めくる：flick through / 翻页 / lật, giở (sách) / virar (a página)
*拾い読みする（ひろいよみする）：browse / 挑着读 / đọc lướt / ler aqui e ali
*世代（せだい）：generation / 一代 / thế hệ / geração

います。ラスト・ブックストアは「最後《さいご》の世代《せだい》」のための「最後《さいご》の本屋《ほんや》」という意味《いみ》なのでしょう。

ラスト・ブックストアのホームページには、「WHAT ARE YOU WAITING FOR? WE WON'T BE HERE FOREVER.（あなたは何《なに》を待《ま》っているのですか。私《わたし》たちはここにいつまでもいるわけではないのですよ）」という言葉《ことば》があります。この言葉《ことば》は、お客《きゃく》さんに来店《らいてん》を勧《すす》めているだけでなく、紙《かみ》の本《ほん》が「いつまでもあるわけではない」ということも表《あらわ》しているのではないでしょうか。

■1,463文字■

心《こころ》の目《め》

目《め》が見《み》えない人《ひと》は、街《まち》の中《なか》を白《しろ》いつえを持《も》って歩《ある》いています。しかし、一人《ひとり》で歩《ある》けるようになるのは、とてもとても大変《たいへん》なことなのです。これは、突然《とつぜん》目《め》が見《み》えなくなったスーザンという女性《じょせい》と、その夫《おっと》、マークのお話《はなし》です。

　私《わたし》がゆっくりバスに乗《の》って代金《だいきん》を払《はら》うと、運転手《うんてんしゅ》さんが「いつもの席《せき》が空《あ》いているよ」と教《おし》えてくれました。近《ちか》くにいた親切《しんせつ》な人《ひと》が私《わたし》の手《て》を取《と》って、席《せき》まで案内《あんない》してくれました。私《わたし》は「ありがとうございます」とお礼《れい》を言《い》って座《すわ》りました。荷物《にもつ》を膝《ひざ》の上《うえ》において、白《しろ》いつえを立《た》てて持《も》つと、バスが出発《しゅっぱつ》しました。

　私《わたし》の名前《なまえ》はスーザン。34歳《さい》です。1年前《ねんまえ》、*医療《いりょう》ミスで、突然《とつぜん》目《め》が見《み》えなくなってしまいました。それから世界《せかい》が真《ま》っ暗《くら》になりました。私《わたし》は*怒《いか》り、悲《かな》しみ、*無力感《むりょくかん》に苦《くる》しみました。目《め》が見《み》えなくなる前《まえ》の私《わたし》は、一人《ひとり》で何《なん》でもできました。でも、今《いま》の私《わたし》は、何《なに》をしても周《まわ》りの人々《ひとびと》に迷惑《めいわく》をかけてしまうのです。「どうして私《わたし》はこうなったの？」と何度《なんど》も考《かんが》えましたが、答《こた》えは見《み》つかりませんでした。いくら怒《おこ》っても、悲《かな》しんでも、目《め》が見《み》えるようにはなりません。毎日《まいにち》の生活《せいかつ》だけで*精《せい》いっぱいです。

---

*医療（いりょう）ミス：medical error / 医疗失误 / lỗi y học / erro médico
*怒り（いかり）：anger / 愤怒 / cơn tức giận / ira
*無力感（むりょくかん）：feelings of helplessness / 无力感 / cảm giác bất lực / sentimento de desamparo
*精いっぱい（せいいっぱい）：to the utmost / 竭尽全力 / hết sức mình / bastante ocupado

B23 CENTRAL STATION

私《わたし》のたった一《ひと》つの幸《しあわ》せは、夫《おっと》のマークがいることです。マークは心《こころ》の底《そこ》から私《わたし》を愛《あい》してくれます。私《わたし》の目《め》が見《み》えなくなった時《とき》、マークは私《わたし》のために何《なん》でもすると言《い》ってくれました。

私《わたし》はまた仕事《しごと》をしたいと思《おも》いましたが、怖《こわ》くて一人《ひとり》でバスに乗《の》ることができませんでした。そのことをマークに話《はな》すと、マークは「これから毎日《まいにち》、車《くるま》で職場《しょくば》まで送《おく》るよ」と言《い》ってくれました。しかし、実際《じっさい》は、時間《じかん》もお金《かね》もかかるので、ずっと続《つづ》けるのは無理《むり》でした。私《わたし》はマークに*見《み》捨《す》てられたような気持《きも》ちになりました。そんな私《わたし》を見《み》たマークは、私《わたし》が一人《ひとり》でバスに乗《の》れるようになるまで、しばらくの間《あいだ》、職場《しょくば》への行《い》き帰《かえ》りに一緒《いっしょ》にバスに乗《の》ることを約束《やくそく》してくれました。

マークは私《わたし》と一緒《いっしょ》にバスに乗《の》って、私《わたし》の職場《しょくば》まで付《つ》いてきてくれました。そして、彼《かれ》はそこからタクシーに乗《の》っ

＊見捨てる（みすてる）：abandon / 弃之不顾 / bỏ mặc / abandonar

て、自分《じぶん》の職場《しょくば》に行《い》きました。そして、仕事《しごと》が終《お》わると私《わたし》と一緒《いっしょ》にバスに乗《の》って家《いえ》へ帰《かえ》りました。マークは毎日《まいにち》、家《いえ》から職場《しょくば》まで、職場《しょくば》から家《いえ》まで一緒《いっしょ》にバスに乗《の》ってくれました。そして、バスの運転手《うんてんしゅ》や周《まわ》りの乗客《じょうきゃく》に私《わたし》のことを話《はな》して、協力《きょうりょく》してくれるようにお願《ねが》いしてくれました。

　マークと一緒《いっしょ》に職場《しょくば》に通《かよ》って、2週間《しゅうかん》たちました。ついに私《わたし》は一人《ひとり》でバスに乗《の》ることを決《き》めました。週末《しゅうまつ》、私《わたし》はマークに「月曜日《げつようび》から一人《ひとり》でバスに乗《の》る」と話《はな》しました。マークは「大丈夫《だいじょうぶ》。君《きみ》ならできるよ」と*励《はげ》ましてくれました。

　月曜日《げつようび》の朝《あさ》、マークは私《わたし》をバス停《てい》まで送《おく》って、私《わたし》をバスに乗《の》せると、バスの運転手《うんてんしゅ》さんに「今日《きょう》から彼女《かのじょ》は一人《ひとり》で行《い》きます。よろしくお願《ねが》いします」と伝《つた》えてくれました。マークはそのまま自分《じぶん》の職場《しょくば》へ行《い》きました。お金《かね》を払《はら》

＊励ます（はげます）：encourage / 鼓励 / động viên / encorajar

う時《とき》も、席《せき》に座《すわ》ると時《とき》も、バスを降《お》りる時《とき》も、運転手《うんてんしゅ》さんや周《まわ》りの人《ひと》が協力《きょうりょく》してくれました。「やった！ 一人《ひとり》でバスに乗《の》れたんだ！」。私《わたし》は胸《むね》がいっぱいになりました。

次《つぎ》の日《ひ》も、その次《つぎ》の日《ひ》も、一人《ひとり》でバスに乗《の》ることができました。私《わたし》は自分《じぶん》の目《め》でマークを見《み》ることはできませんが、いつもマークが見《み》てくれているような気持《きも》ちでした。

その週《しゅう》の金曜日《きんようび》の朝《あさ》、バスに乗《の》って代金《だいきん》を払《はら》うと、運転手《うんてんしゅ》さんが、「素晴《すば》らしい方《かた》とご一緒《いっしょ》で、幸《しあわ》せですね」と言《い》いました。私《わたし》は一人《ひとり》でバスに乗《の》っているのに、どうしてそんなことを言《い》うのか、分《わ》かりませんでした。「あの……。私《わたし》は一人《ひとり》ですが……」と言《い》うと、運転手《うんてんしゅ》さんは「いいえ」と言《い》いました。そして、こう続《つづ》けました。

「この1週間《しゅうかん》、あなたがバスを降《お》りるところで待《ま》っている方《かた》がいるんです。私《わたし》は、あなたがその方《かた》と一緒《いっしょ》にバスに乗《の》ってくるのを何回《なんかい》も見《み》たことがあります。その方《かた》は、あなたがバスから降《お》りて、会社《かいしゃ》に入《はい》るまで、ずっと見《み》ているんです。夕方《ゆうがた》も同《おな》じように、あなたがバスに乗《の》るところを見《み》ているんですよ」

その1週間《しゅうかん》、マークが見《み》てくれているような気持《きも》ちで職場《しょくば》に通《かよ》っていましたが、それは気持《きも》ちだけではなく、本《ほん》当《とう》にマークが見《み》てくれていたのでした。その日《ひ》の晩《ばん》、私《わたし》はマークに「もう大丈夫《だいじょうぶ》。一人《ひとり》で行《い》ける」と言《い》いました。

その次《つぎ》の月曜日《げつようび》の朝《あさ》から、私《わたし》は一人《ひとり》で職場《しょくば》に通《かよ》っています。マークの心《こころ》の目《め》がずっと私《わたし》を見《み》てくれているような気持《きも》ちで。

■1,637文字■

後《うし》ろに気《き》を付《つ》けて

これは、アメリカのアリゾナ州《しゅう》にあるフェニックスという町《まち》で起《お》きたことです。ある女性《じょせい》が家《いえ》に向《む》かって車《くるま》を運転《うんてん》していると、女性《じょせい》の車《くるま》に、後《うし》ろから１台《だい》の車《くるま》が近づいてきました。その車《くるま》は女性《じょせい》の車《くるま》が家《いえ》に戻《もど》るまで、ずっとすぐ後《うし》ろを付《つ》いてきました。どうしてでしょう？

私《わたし》は、その日《ひ》、友達《ともだち》と晩《ばん》ご飯《はん》を食《た》べました。家《いえ》に帰《かえ》ろうと思《おも》って車《くるま》に乗《の》ると、もうすっかり遅《おそ》い時間《じかん》でした。高速《こうそく》道路《どうろ》に入《はい》ると、他《ほか》に走《はし》っている車《くるま》はいませんでした。*しばらくすると、後《うし》ろから車《くるま》が近《ちか》づいてくるのに*気《き》が付《つ》きました。その車《くるま》は私《わたし》の車《くるま》に近《ちか》づくと、横《よこ》に並《なら》びました。

「先《さき》に行《い》くのね。どうぞ」

私《わたし》はスピードを少《すこ》し落《お》としました。しかし、その車《くるま》は私《わたし》を*追《お》い越《こ》さないで、また後《うし》ろに来《く》ると、今度《こんど》は後《うし》ろからライトを明《あか》るく*照《て》らしました。私《わたし》は、「この人《ひと》は何《なに》をしたいの？」と思《おも》いました。私《わたし》の車《くるま》と後《うし》ろの車《くるま》以外《いがい》、他《ほか》に走《はし》っている車《くるま》はいませんでした。怖《こわ》くなって、警察《けいさつ》に電《でん》話《わ》しようと思《おも》いましたが、その日《ひ》は携帯電話《けいたいでんわ》を家《いえ》に忘《わす》れたので、持《も》っていませんでした。

後《うし》ろの車《くるま》は、ライトを明《あか》るくしたり、*点滅《てんめつ》させたり、私《わたし》の車《くるま》に近《ちか》づいてきたりしました。私《わたし》は、事故《じこ》を起《お》こさ

---

*しばらくすると：after a while / 过了一会儿 / một lúc sau / Depois de um tempo

*気が付く（きがつく）：to notice / 意识到 / nhận ra / perceber

*追い越す（おいこす）：overtake / 超过 / vượt qua / Ultrapassar

*照らす（てらす）：illuminate / 照亮 / chiếu sáng / Iluminar

*点滅させる（てんめつさせる）：flash / 闪烁 / làm cho nhấp nháy / Piscar

ないように、ハンドルをしっかり握《にぎ》りました。その後《ご》も、後《うし》ろの車《くるま》は、何回《なんかい》も何回《なんかい》もライトを明《あか》るくしたり、点滅《てんめつ》させたりしてきましたが、私《わたし》は無視《むし》して運転《うんてん》に集中《しゅうちゅう》しました。やがて家《いえ》の近《ちか》くの高速道路《こうそくどうろ》の出口《でぐち》が見《み》えてきました。この出口《でぐち》で降《お》りるのを後《うし》ろの車《くるま》に気付《きづ》かれないように、急《きゅう》に曲《ま》がりました。しかし、後《うし》ろの車《くるま》も同《おな》じ出口《でぐち》で降《お》りて、私《わたし》の車《くるま》の後《あと》を追《お》ってきます。

私《わたし》は逃《に》げるように車《くるま》を運転《うんてん》しましたが、その車《くるま》は高速道路《どうろ》を降《お》りてからも、ずっと後《うし》ろにいました。「家《いえ》に着《つ》いたら、すぐ警察《けいさつ》に電話《でんわ》しよう。車《くるま》を降《お》りたら、家《いえ》まで走《はし》っていこう」と*心《こころ》に決《き》めました。

家《いえ》に着《つ》いて車《くるま》から降《お》りると、後《うし》ろの車《くるま》から男《おとこ》が一人《ひとり》降《お》りて、こちらに走《はし》ってきました。そして「すぐ警察《けいさつ》に電話《でんわ》しろ！　早《はや》く家《いえ》の中《なか》に入《はい》れ！」と大《おお》きな声《こえ》で言《い》いました。

私《わたし》はびっくりしました。どうしてこの男《おとこ》が「警察《けいさつ》に電《でん》

＊心に決める（こころにきめる）：decide in one's mind / 下定决心 / quyết định trong lòng / prometer a si mesmo

話《わ》しろ！」と言《い》うのか分《わ》かりませんでしたが、私《わたし》は家《いえ》の中《なか》に入《はい》って、すぐ警察《けいさつ》に電話《でんわ》しました。

警察《けいさつ》が来《き》てから、私《わたし》は初《はじ》めて、後《うし》ろの車《くるま》は私《わたし》を助《たす》けようとしていたのだと知《し》りました。

後《うし》ろの車《くるま》を運転《うんてん》していた男《おとこ》の人《ひと》は、こう言《い》ったのです。

「あなたの車《くるま》の後《うし》ろの席《せき》に、男《おとこ》が見《み》えました。その男《おとこ》は、*おのを持《も》っていたんです。男《おとこ》がおのを持《も》って後《うし》ろからあなたを殺《ころ》そうとしたとき、私《わたし》は車《くるま》のライトを明《あか》るくしたり、点滅《てんめつ》させたりしました。おのを持《も》った男《おとこ》は車《くるま》のライトが当《あ》たると、毎回座《まいかいすわ》って隠《かく》れました。でも、何度《なんど》もおのであなたを殺《ころ》そうしていたのです」

おのを持《も》った男《おとこ》は、何人《なんにん》も人《ひと》を殺《ころ》した*強盗《ごうとう》でした。それからは、私《わたし》は車《くるま》に乗《の》る前《まえ》に後《うし》ろの席《せき》に誰《だれ》もいないか、必《かなら》ず確認《かくにん》しています。あなたも、車《くるま》に乗《の》る前《まえ》には、後《うし》ろの席《せき》に誰《だれ》もいないか、必《かなら》ず確認《かくにん》してください。後《うし》ろの席《せき》に

＊おの：ax / 斧子 / cái rìu / machado

＊強盗（ごうとう）：robbery / 强盗 / trộm cướp / assaltante

おのを持《も》った男《おとこ》が乗《の》っているかもしれませんから。

■1,081文字■

■参考文献および参考サイト

[フリオの2度目の情熱]

フリオ・イグレシアス (1982)『フリオ・イグレシアス：自伝天国と地獄の間』与五沢真知子訳, CBS ソニー出版.

[ラスト・ブックストア（The Last Booksotore)]

ラスト・ブックストア　ホームページ
〈http://lastbookstorela.com/〉

翻案者紹介

吉川達：立命館大学 准教授
門倉正美：横浜国立大学名誉教授
佐々木良造：静岡大学 国際連携推進機構 特任准教授

どんどん読める！
日本語ショートストーリーズ　vol.3

[発行日]　2018年10月12日（初版）
2024年10月15日（第2刷）
[編　集]　株式会社アルク出版編集部
[翻　案]　吉川達・門倉正美・佐々木良造
[翻　訳]　株式会社アミット
[校　正]　田中晴美
[デザイン・イラスト]　岡村伊都
[DTP]　株式会社 秀文社
[印刷・製本]　萩原印刷株式会社
[発行者]　天野智之
[発行所]　株式会社アルク
〒141-0001　東京都品川区北品川6-7-29　ガーデンシティ品川御殿山
Website：https://www.alc.co.jp/

落丁本、乱丁本は弊社にてお取り替えいたしております。
Webお問い合わせフォームにてご連絡ください。
https://www.alc.co.jp/inquiry/

製品サポート：https://www.alc.co.jp/usersupport/

PC：7017048
ISBN：978-4-7574-3086-0

地球人ネットワークを創る

アルクのシンボル
「地球人マーク」です。